A SIRI CON AMOR

Una madre, su hijo autista y la
bondad de las máquinas

JUDITH NEWMAN

Capítulo diez, «A Siri con Amor», se publicó originalmente
en el *New York Times* 17 octubre 2014.

«Puff the magic Dragon» [Puff, el dragón mágico]
Palabras y música por Lenny Lipton y Peter Yarrow. ©1963; renovado en
1991 *Honalee Melodies* (ASCAP) y *Silver Dawn Music* (ASCAP). Derechos
a nivel mundial para *Honalee Melodies* son administrados por BMG Rights
Management (US) LLC. Los derechos a nivel mundial para *Silver Dawn Music* son
administrados por la WB Music Corp. Derecho internacional asegurado. Todos los
derechos reservados.
Reimpreso con permiso de Hal Leonard LLC

«Puff (el dragón mágico)»
Palabras y música por Peter Yarrow y Leonard Lipton. ©1963 *Pepamar Music
Corp*. Derechos renovados y asignados a *Silver Dawn Music* y *Honalee Melodies*.
Todos los derechos reservados para *Silver Dawn Music* son administrados por
WB Music Corp. Todos los derechos para *Honalee Melodies* son administrados
por *Cherry Lane Music Publishing Company*. Todos los derechos reservados.

Editora en Jefe: *Graciela Lelli*
Traducción: *Abigail Bogarin Bennette*
Diseño: *Leah Carlsoln-Stanisic*
Adaptación del diseño al español: *Mauricio Diaz*

ISBN: 978-1-41859-926-3

Impreso en Estados Unidos de América
18 19 20 21 22 LSC 9 8 7 6 5 4 3 2 1

«Porque como piensa en su corazón, así *es* él»

—PROVERBIOS 23.7.

—Mira mami, ese bus dice: «Pide un deseo». ¿Qué es un deseo?

—Mi deseo para ti es de felicidad, salud y seguridad para toda tu vida, Gus. ¿Cuál es tu deseo?

—Mi deseo es vivir en la ciudad de Nueva York toda mi vida y ser realmente un joven amigable.

—Pero no tan amigable, ¿verdad?

—¿Qué es ser «muy amigable»?

CONTENIDO

_____

NOTA DE LA AUTORA

En estos días se considera políticamente incorrecto llamar a una persona «autista». Si lo hace, está definiendo a esa persona completamente por su discapacidad. Por el contrario, usted supuestamente debe usar lenguaje que pone primero a la gente: un hombre con autismo, una mujer con autismo.

Comprendo la idea aquí. Es como llamar a una persona que tiene enanismo un enano; ¿acaso es la estatura pequeña la que lo define como ser humano? Pero como me dijo recientemente un amigo pequeño: «Oh, por el amor de Dios, solamente llámame enano. Es lo primero que ves, y sé que no es lo único de mí que es tan interesante».

«Persona con autismo» sugiere también que el autismo es algo malo de lo cual uno necesita distanciarse. Usted nunca dirá «una persona con "zurdismo"» o «una persona con judaísmo». Sin embargo, podría decir «una persona con cáncer».

El autismo no define completamente a mi hijo, pero informa acerca de él y de nuestra vida conjunta. Decir que «tiene» autismo sugiere que es algo que lleva consigo y que puede desecharlo a voluntad, como una cartera. También hay algo acerca de esta seudodelicadeza que es asquerosamente condescendiente. No es que esté en contra de cada palabra que cuidadosamente se considera para hablar o describir la discapacidad. Solamente deseo que las palabras sean ciertas. Por ejemplo, cuando llama a una persona autista «neurodivergente», no se trata de ser políticamente correcto; se está describiendo exactamente su condición.

(Estoy a favor de hallar un lenguaje nuevo que sea descriptivo, divertido y al punto. Si quiere preguntar con delicadeza si una persona es autista, ¿qué le parece si pregunta a la persona si es un FOT (siglas del inglés «amigo de los trenes»? Es decir, si puede haber Amigos de Dorothy...).

Sin embargo, hay incluso otra razón por la que empleo libremente aquí el término «autista»: trate *usted* de escribir una y otra vez todo un libro utilizando la frase «persona con autismo». Es agotador. De manera que a veces voy a referirme a los hombres y a las mujeres como autistas. Además, voy a usar el pronombre masculino cuando hablo acerca de las personas en general, porque aprendí que es correcto hacer esto un tiempo atrás cuando los dinosaurios merodeaban por la tierra. Menciono esto porque una amiga acaba de escribir un libro excelente acerca de la crianza donde utiliza el pronombre «ellos» en vez de «él o ella» y usa el término «cisgénero» parar referir a cualquiera que sea *cisgénero*, que es una de las opciones de al menos cincuenta y ocho que ofrece Facebook, y que varían desde *agénero* a *dos espíritus*. Ella hizo esto ante la insistencia de su hija adolescente. El lenguaje necesita evolucionar, pero no convertirse en algo feo e impreciso. Leí su libro y me agradó su filosofía de crianza aunque al mismo tiempo quería propinarle una bofetada.

Pero cualquiera hayan sido sus crímenes contra el idioma inglés, mi amiga consultó con sus hijos acerca del lugar que ellos ocuparían en su libro. Yo no consulté. Este libro es egoísta y necesario. Mientras la actitud bondadosa de Gus por ser el tema de mi libro siempre ha sido «seré una celebridad, mami». Los sentimientos de Henry cambian con su estado de ánimo. Al principio, él se mostraba de una manera gentil que por cierto me irritaba: «Oh, no importa, de todas maneras nunca leo lo que escribes». En ese momento conversábamos acerca de si recibiría una parte de los beneficios, y una rápida ojeada al historial en Google de su computadora reveló la frase «opción de película». Entonces, cuando se dio cuenta de que las personas en realidad saben leer, se inquietó un poco. De manera que escribir acerca de él se convirtió en un convenio, en el que a veces ganaba y otras perdía. Él no tenía problema en que se le describa como un hermano inteligente. Lo que le preocupaba era que yo podría revelar que, a punto de convertirse en un joven adulto, era tan dulce, cariñoso y maravilloso. Solamente dije un poco.

Hay muchos libros buenos, algunos excelentes sobre el autismo (ver Notas p. 223), sobre la ciencia, la historia, los tratamientos. Aunque este libro aborda todos estos temas, nunca verá una revisión que comience: «Si tiene que leer un libro acerca de autismo...». Este no es tal libro. Este libro solamente representa la vida de una familia, un hijo. Sin embargo, espero que represente también una parte de su vida.

Cuando escribí por primera vez la historia de Gus y Siri para el *New York Times*, Gus tenía doce años. Gran parte de este libro se desarrolla cuando mis hijos tienen trece y catorce años. Cuando entonces el editor arranque el manuscrito de mis manos, ellos ya tendrán quince, luego dieciséis cuando termine el libro. Los niños crecen, y quería que este libro fuero preciso, de manera que aun seguiría escribiendo y cambiándolo si no fuera por mi agente que me llamó un día y dijo: «Por el amor de Dios, póngale el punto final».

Y así lo hice.

INTRODUCCIÓN

Mis hijos y yo estamos en el supermercado.

—¡Necesitamos pavo y jamón!

Gus tiende a hablar de manera exclamativa:

—¡Media libra! Y... ¿qué mami? —. Estoy en escena susurrándole direcciones, tratando de mantener la conversación centrada en las carnes. Detrás del mostrador, Otto amablemente corta y escucha, a veces hace preguntas. Hasta aquí todo marcha bien.

—¡Así que! Mi papá lleva en Londres diez días y regresará en cuatro días, el miércoles. Llega al aeropuerto de JFK por American Airlines en el vuelo 100, en la terminal 8 —dice Gus, empezando el tema—. ¿Qué? Sí, mamá quiere pedazos finos. También, ¡ensalada de col! Papá tomará el tren A de la Howard Beach hasta la West 4 y después cambiará a la B o D a Broadway-Lafayette. Llegará a la 77 Bleecker por la mañana y después él y mami harán el amor...

—¿Qué? —Otto cobra interés repentinamente.

—¿Tú sabes, mi papá? ¿El que es viejo y tiene problemas en las rodillas? Él llega a la terminal 8 en el aeropuerto Kennedy. Pero primero él tiene que salir de Londres en King's Cross, que va a Heathrow, y el avión de Heathrow sale de...—No, Gus, la otra parte —dice Otto, sonriendo—. ¿Qué hace papá cuando llega a casa?

Gus continúa con su explicación, ignorando el detalle que su hermano gemelo, Henry, le susurra al oído. Henry se hace a un lado, sonriendo irónicamente, mientras Gus continúa con lo que *realmente* le interesa: las paradas en la línea A desde la Howard Beach. Percibo las miradas algo alarmadas en el rostro de las personas que esperan en la fila. ¿Es el tema de la charla de Gus o el hecho de que brinca mientras lo dice? Cuando está feliz y entusiasmado, lo cual es casi todo el tiempo, Gus brinca. Estoy tan acostumbrada a sus brincos que apenas lo noto. Sin embargo, en ese momento veo a mi familia como el resto del mundo nos ve: el irritante adolescente, que finge que no nos conoce; el loco brincador, parloteando acerca del tren A; la fatigada madre con la riñonera deportiva, que es ahora parte de una visual no seductora de dos viejos en una llamada de sexo casual.

Aunque quiero darme la vuelta hacia todos en la fila y decir: «Todos ustedes deberían felicitarnos. Varios años atrás, ese brincador allí casi ni hablaba, y cualquier cosa que decía era incomprensible. Sin duda, todavía tenemos algunos problemas que superar. Sin embargo, no están captando el punto. Mi hijo está pidiendo jamón. ¡Gol!».

Puede que reconozca a Gus como mi hijo autista que recientemente disfrutó de sus quince minutos de fama. Escribí una historia para el *New York Times* titulada «A Siri con amor», acerca de su amistad con Siri, el «asistente personal inteligente» de Apple. Fue una breve historia de cómo este amigable robot provee tanto a mi hijo con problemas de comunicación: no solamente con información de temas arcanos, que inducen a dormir (si usted no es un herpetólogo, supongo que está tan ansioso como yo de hablar acerca de las tortugas de orejas rojas) pero también de lecciones de etiqueta, prestar atención y las sutilezas del diálogo entre dos personas. El tema tiene un interés especial para mi, es mi hijo, ¿cómo no podría ser? Sin embargo, pensaba que la audiencia para este tipo de cosas sería limitada. Probablemente reciba algunas palmaditas en la espalda de parte de los amigos.

En cambio, la historia se hizo viral. Durante toda una semana, fue la historia del *NYT* más vista, más compartida por correo electrónico y

Tuiter. Se extendió por las revistas, la televisión y la radio alrededor del mundo. Recibí cartas como esta:

> *Es probable que usted sepa que ahora mismo Apple está haciendo un gran esfuerzo para que Siri esté disponible en otros idiomas. Soy un traductor ruso para Siri, y puedo decir que a veces es muy difícil transferir la personalidad de Siri a otra cultura. En realidad usted me ha hecho comprender bastante cómo Siri debe comportarse en mi lenguaje, con tantos ejemplos de lo que las personas esperan realmente que Siri diga. Y su tesis acerca de la amabilidad de las máquinas hacia las personas con discapacidad me ha conmocionado. Hemos tenido una charla acerca de su artículo en nuestro equipo y fue de mucho beneficio para los esfuerzos de traducción general de Siri.*
>
> *Así, con su ayuda, Siri ruso será aún más amable, amigable y de apoyo. Siempre tengo en mente a su hijo Gus al escribir los diálogos de Siri en ruso.*

Esta carta me conmovió bastante, al igual que los cientos de correos electrónicos, tuits y comentarios de los padres de niños con autismo y de las mismas autistas (no es que ellas siempre se identifiquen como tales, pero cuando publican varias veces un tuit con diferentes líneas de lo que uno escribe, uno puede darse cuenta). Creo que mi carta favorita es de un hombre que escribió al editor: «Esta autora tiene futuro como escritora».

¿Por qué esta historia tocó un nervio? Bueno, por una cosa, la historia presentaba una opinión opuesta a la noción actual de que la tecnología nos vuelve estúpidos y que es mala para nosotros como los pedacitos de harina de maíz con sabor a queso [Cheetos]. Pero su popularidad también, creo, proviene de que trata de encontrar solaz y compañerismo en un lugar inesperado. Cuando nos aislamos a través de nuestros teléfonos, tabletas, teléfonos inteligentes, y la próxima tecnología inteligente, es muy tentador separarnos. En estos días, es fácil para que todos nos sintamos algo solos.

Sin embargo, aquí había un punto de vista opuesto. La tecnología también puede liberarnos un poco y reforzar la conducta social. Puede ser un puente, no una barrera.

Me di cuenta de que había mucho por decir acerca del niño autista «promedio». Las historias de autismo tienden a tratar sobre los extremos. ¡He aquí el excéntrico genio que un día dirigirá la NASA! (Bueno, alguien tiene que llevar un humano a otra galaxia; y no pensaría usted que sería alguien neurotípico, ¿verdad?). Y aquí está la persona tan incapacitada, que se golpea la cabeza contra la pared y pinta con sus dedos ensangrentados. ¿Qué pasa con el gran número de personas entre los extremos?

Ese es mi hijo Gus.

*   *   *

No hay dos autistas iguales; su peculiar estilo y expresión es diferente en cada caso. Además, puede existir una interacción más intrincada (y potencialmente creativa) entre los rasgos autistas y las demás cualidades del individuo. Así, mientras una rápida ojeada puede bastar para el diagnóstico clínico, si deseamos comprender al autista como individuo precisamos ni más ni menos que una biografía total.

—Oliver Sacks, *Un antropólogo en Marte*, 1995

Son alarmantes las estadísticas más recientes para un diagnóstico de autismo. En 1980, un niño de entre dos mil norteamericanos era diagnosticado con autismo. En la actualidad, el número aproximado es uno de entre sesenta y ocho, según la evaluación de la Red de Seguimiento del Autismo y Discapacidades de Desarrollo de los Centros para el Control y Prevención de Enfermedades de Estados Unidos. Entre los varones, el porcentaje es uno de entre cuarenta y dos. En algunos países, los números son más bajos, en otros, son más altos (Corea del Sur afirma que el 2,6 por ciento de su población tiene autismo, en comparación con la sociedad norteamericana de 1,6). Es el mayor número de discapacidad del desarrollo en el mundo, que afecta al uno por ciento de todas las personas. Davis, una universidad de California, en un estudio publicado en el 2015 en el *Journal de Autism and Developmental Disorders* [Revista de Autismo y transtornos del desarrollo] encontró que el costo total para cuidar de las personas con autismo en los Estados Unidos en el 2015 era de 268.000 millones de dólares, y se anuncia que este número aumentará a 461.000 millones para el 2025. Esto representa más del doble del costo combinado de una embolia cerebral y la hipertensión.

¿Cómo es esto posible? Los investigadores y los escritores quieren saber que está ocurriendo. Si su prevalencia en aumento se debe a algo toxico en el agua/aire/suelo, si se debe a que las personas diagnosticadas con otras condiciones mentales ahora se les llama autistas, o si las personas extrañas que solían ser solteras están teniendo más oportunidades para reproducirse, y por tanto reproducen más personas extrañas (la hipótesis de Silicon Valley), nadie está seguro. Probablemente sea una combinación de las tres.

Las condiciones relacionadas una vez consideradas como autismo, incluso el síndrome Asperger y los transtornos generalizados del desarrollo, ahora fue sustituida bajo *transtornos del espectro autista* (TEA). Eso es porque las discapacidades y las habilidades existen en un espectro. Verbal o no verbal, cognitivamente incapacitado o cognitivamente brillante, estas habilidades a menudo muy inusuales puede haber en una mezcla sorprendente. Por otra parte, las personas con TEA no desarrollan habilidades de la clase de progresión constante de los niños sin disturbios o neurotípicos; hay más que una cualidad esporádica al crecimiento mental y emocional, lo cual indica que ellos no pueden hacer algo por largo tiempo y luego, repentinamente un día, *pueden* hacerlo.

Mi historia favorita de este fenómeno es la de una amiga cuyo hijo no hablaba en absoluto, salvo palabras sueltas cuando necesitaba algo, decía «galletas», «jugo». El niño tenía cinco años. Un día mientras volvía a su casa después de una fiesta, algunos niños le siguieron burlándose de él porque no podía hablar, y cantaban: «Lucas no puede hablar, Lucas no puede hablar». Después de un rato, Lucas regresó junto a ellos y dijo: «Si puedo. Váyanse a la mierda».

También me gusta escuchar relatos acerca de personas brillantes en la historia que ahora se piensa que eran autistas, no porque crea que mi propio hijo repentinamente se revelará como una especie de genio, sino porque es un recordatorio de que el progreso de la civilización humana florece de una profunda rareza y capacidad para enfocarse en el problema. Albert Einstein cuando era niño solía tener problemas para hablar, repetía las oraciones como un autómata en vez de conversar. Isaac Newton raramente hablaba, tenía pocos amigos, y se entretuvo en la rutina ya sea que tuviera o no sentido. Por ejemplo, si tenía que dar una charla, se dice que la daba ya sea que hubiera o no alguien que escuchara. Thomas Jefferson, según Alexander Hamilton, no podía hacer contacto visual con las personas y no soportaba los ruidos fuertes. Aunque era un excelente escritor, evitaba la comunicación verbal con las personas. El artista Andy Warhol y Michelangelo, el actor Dan Aykroyd, el director Tim Burton... y la lista continua.

La frase «cuando conoce a una persona con autismo, conoce a una persona con autismo» es una de las favoritas en TEA. Sin embargo, hay tres denominadores comunes que puedo citar. Uno, cada persona con TEA que he conocido tiene alguna insuficiencia en su «teoría de la mente». La teoría de la mente es la capacidad de comprender en primer lugar que tenemos necesidades y deseos y una manera de ver el mundo, por ejemplo, la conciencia de sí mismo. Pero sobre todo eso, es saber que otras personas tienen necesidades y deseos y una perspectiva del mundo que difiere de otros. Es muy difícil, y a veces imposible, para una persona con autismo, deducir lo que otra persona alude o lo que hará.

Varios estudios de las imágenes del cerebro de niños autistas revelan una diferencia pronunciada en la circulación de la sangre en las áreas del cerebro que se considera responsable de ciertas clases de comprensión de las historias, la clase que nos permite saber lo que los personajes sienten, y de este modo podemos predecir lo que harán a continuación. Pensé en esto recientemente cuando asistí a un evento en la escuela de mi hijo para los que tienen necesidades especiales, y este joven, probablemente de dieciocho años, obviamente muy inteligente y sofisticado de muchas maneras, se acercó y me abrazó. Después, unos minutos más tarde, me abrazó otra vez. ¡Abrazo! Se sentía bien. ¿Por qué yo no lo disfrutaba también? Alguien le apartó y le dijo que probablemente cinco veces bastaba con una persona extraña. Él asintió con la cabeza y esperó hasta que ella se marchara... y volvió a abrazarme.

Segundo, cada persona con TEA que alguna vez haya conocido le gusta la repetición y el detalle de alguna forma u otra, si un tema le interesa, no existe tal cosa como «cansarse» de ello. Esto puede hacer que las personas resulten compañías encantadoras o agotadoras, y depende de cuánto uno desea oír, por ejemplo de las cortantes del viento y los vórtices de succión. (Me dicen que las personas con TEA están bien representadas en la comunidad meteorológica. También están en Wikipedia. Si desea saber quién constantemente supervisa y actualiza las páginas sobre los horarios del transporte público y la lista de visitantes en *Plaza Sésamo*, no busque más allá de la comunidad TEA).

¿Y el tercero? Todos ellos son objetivamente algo enajenados. Si Gus hubiera nacido a principios o mediados del siglo xxi, la presión para meterlo en una institución hubiera sido muy fuerte. Incluso el Dr. Spock, el que famosamente dijo a las madres en 1946: «Sabe más de lo que piensa que sabe», y les instó a que sigan sus instintos, les recomendó que pongan en una institución a los niños «defectuosos». (Él escribió: «Por lo general, es recomendable que se haga esto inmediatamente después del nacimiento. Entonces los padres no estarán muy comprometidos con un niño que no desarrollará mucho»). Y esto no es como si la idea de una «solución final» al autismo es una curiosidad histórica. Unos años atrás, en los Países Bajos o Nederland, donde la eutanasia es legal no solamente para los que padecen de condiciones físicas incurables sino también para aquellas con condiciones mentales que se creen incurables y no tolerables, un hombre autista que en toda su vida no pudo hacer amigos pidió su eutanasia. Su deseo fue concedido.

Pero la realidad es esta: ellos están aquí, son raros, acostúmbrese a esto. Las personas neurodivergentes son sus vecinas, sus compañeros de trabajo, y, probablemente, sus amigos y familia.

*   *   *

Con catorce años, Augustus John Snowdon tiene la medida de un joven robusto de once años, mide alrededor de 1,21 metros y pesa aproximadamente 45 kilos. Tiene los ojos obscuros y expresivos de un joven en una pintura italiana del siglo diecinueve. Él heredó mi nariz algo puntiaguda preoperatoria, que afortunadamente luce mejor en él que en mí. No heredó mi afro judío, sino tuvo la suerte de tener un cabello lacio marrón claro. Es miope y sus espejuelos siempre están borrosos.

Gus tiene un hermano gemelo, Henry. Henry es una cabeza más alto que Gus, rubio, ojos verdes, y de piel clara. Ellos no parecen que pertenecen a la misma familia, muchos menos como gemelos.

Henry es neurotípico, lo cual, a los catorce años, es sinónimo para «insufrible». Siendo una persona muy competitiva, Henry siempre está luchando con esta pregunta: ¿Cómo probar su superioridad sobre un hermano gemelo al que en lo más mínimo no le importa ganar ni perder? Henry nunca deja de tratar. Grabé esta conversación cuando ellos tenían nueve años.

YO: Gus perdió otro diente hoy.

GUS: ¿Me llevará el Ratoncito Pérez [hada de los dientes] a ver los trenes mañana?

YO: No, pero te dará dinero.

GUS: ¡Bien!

HENRY: ¿Cuánto dinero recibirá Gus?

YO: Cinco dólares

GUS: Está bien. Yo solamente quiero un dólar. Y también ver los trenes.

HENRY: Tengo un diente que está por caerse también.

YO: Así que, ¿ahora esto también es una competición?

HENRY: ¿Voy a recibir extra si lo extraigo yo mismo?

YO: ¡No! ¿Qué te pasa?

HENRY: [Ojos tristes]

YO: Está bien.

HENRY: ¿Cuánto extra?

YO: Cinco

HENRY: O sea, ¿diez en total? [Dos minutos después, Henry regresa con un diente ensangrentado.]

GUS: ¡Ay! ¡Henry se extrajo!

HENRY: Esto fue peor de lo que pensé. ¿Qué tal si me das quince?

Cualquiera que sea la situación, Gus siempre es el mayor admirador de su hermano. Le vuelve loco a Henry.

*   *   *

No estoy segura si hay un aspecto típico de un niño autista, aunque después de años de asistir a eventos escolares, creo que hay un aspecto típico de la madre: piel un poco más pálida que la mujer promedio de su edad, ojeras más pronunciadas, una sonrisa juguetona en sus labios y los ojos que recorren nerviosamente, preguntándose qué sucederá después. Ella a veces está orgullosa, a veces sorprendida. En verdad ella nunca está relajada.

¿Y qué del temperamento de Gus? Bien, mi hijo casi sin duda es definitivamente más agradable que tu hijo. Lo siento, pero es la verdad. Tu hijo es casi sin duda mucho más rápido, más ambicioso, y más determinado a conquistar el mundo. El tuyo estará dirigiendo una empresa entre las 500 corporaciones más grandes, o una firma de abogados; ella estará ministrando a los cuerpos o almas de las personas o criando una familia o corriendo en maratones. Ninguna de esas cosas hará mi hijo. El tuyo probablemente tratará de imaginar cómo ascender de posición. Mi hijo estará encantado de estar en cualquier posición, y yo estaría muy feliz por él. Sin embargo, supongamos que él sea el que saluda a la entrada de la tienda, cuando le diga que tenga un buen día, es sincero y lo dice de todo corazón.

Mi hijo me dice cuán hermosa me veo todos los días, cuando por «hermosa», da a entender «limpia». Las espectativas son bajas. Mi hijo no puede lanzar una pelota o abrocharse los botones de su camisa o usar un cuchillo, o captar a veces la diferencia entre la realidad y la fantasía. Sin embargo, muy extrañamente, él puede ejecutar en el piano una pieza de Beethoven de manera tan conmovedora que le hará llorar. Si alguna vez va a un lugar, puede encontrar cómo volver allí, al mes siguiente, al año siguiente y posiblemente por el resto de su vida. A veces él cree que las máquinas son sus amigas, y no entiende muy bien qué es un amigo humano. Pero, él siente que tiene amigos, y siempre quiere más.

Él es el niño promedio con autismo. Es probable que trabaje o no, puede que tenga o no independencia, amistades, parejas... Él es, como muchos otros, el Signo de Interrogación adorado, frustrante. Puede que este sea también su hijo. O puede que sea un niño que usted conoce. Sobre el que piensa, y que ama.

A

SIRI

CON

AMOR

Uno

———

¡OH NO!

Fueron necesarios siete años y setenta mil dólares para que yo quedara embarazada. Mi infertilidad comenzó como un misterio y con el paso de los años se convirtió en «porque eres vieja». A lo largo de todo tuve cinco, quizá seis abortos espontáneos. Perdí la cuenta. Al quedar finalmente embarazada y permanecer embarazada, vomitaba cada día; mi esposo, John, parado frente a la puerta del baño donde yo estaba vomitando, decía a modo de sugerencia: «tienes que retener el alimento, estás matando a los bebés». Solo aumenté seis kilos durante un embarazo con gemelos; después del nacimiento fue la única vez en mi vida que estuve delgada. Cuando la placenta falló completamente, tuve una cesárea de urgencia aproximadamente a las treinta y tres semanas. John insiste que el obstetra le dijo: «Casi los perdimos». John es un cantante de ópera jubilado, no está ajeno al melodrama, y yo no recuerdo nada similar a esa aseveración. Sin embargo, Henry pesó un kilo con cuarenta gramos; Gus, un kilo con cuarenta y un gramos; y ambos se quedaron un tiempo en la unidad neonatal de cuidados intensivos. Una amiga amante de los bebés que dirige una revista de consejos a los padres sobre la crianza vino a visitarme. Me dijo que de inmediato supo que Henry era muy inteligente. Ella no dijo nada de Gus. Varios meses después ella fue diagnosticada con cáncer de esófago, y mientras estuve sentada en su cama en el hospital no creí oportuno preguntarle lo que percibió o no de Gus. Poco después ella murió. La quise mucho. Y todavía me pregunto qué percibió o no en Gus.

¿Sabía yo que algo no era anormal? Sí y no. Atribuí todos los pequeños problemas a que Gus y Henry eran gemelos y prematuros. Si Gus tenía hipotonía, o sea, sus músculos eran débiles y flácidos, Henry tenía exactamente el problema opuesto. «Bien, él va ser muy musculoso o tendrá parálisis cerebral», dijo su pediatra, calmadamente.

Resultó que no fue lo uno ni lo otro. Pero el hecho de que ambos tenían atrasos físicos fue el impedimento para que no se notara las diferencias mentales de Gus. Además, ¿qué podía saber yo? Como hija única, no pasé tiempo con los bebés. Si hubieran sido perros, hubiera sabido que aproximadamente en dos semanas abrirían los ojos y que a los ocho meses dejarían de morder mis zapatos. Pero ellos no eran perros o loros o hámster o iguanas o cualquiera de las mascotas de casa que mi muy tolerante madre permitió que me rodearan. De modo que el comportamiento de ellos me resultaba ajeno. Y de alguna manera de perversa resistencia al culto de la infancia que sucedía a mi alrededor, vivo en el centro de Manhattan, ambiente cero para el exceso de atención en la crianza, me negué a usar la tapa de *El primer año de tu bebé*. ¡A quién le importa las etapas! A menos que Gus y Henry se pongan sombreros de copa y esmoquin y comenzaran a danzar a los seis meses, no hubiera sabido que algo inusual estaba sucediendo.

Después hubo un momento.

Henry y Gus tenían aproximadamente siete meses. Aunque la cabeza de Henry era muy grande y muy pesada, se inclinaba si se sentaba por mucho tiempo, sin embargo se mantenía sentado, procurando alcanzar las cosas, observándonos, cosas normales que hace un bebé. Un día mis padres vinieron de visita y yo les estaba mostrando cuán genios eran sus nietos. Gus estaba sentado en su silla alta y tenía ese juguete móvil girando frente a él, y la idea era que alcanzara y golpeara a los juguetes.

Yo le llamaba el batmovil. En los años siguientes, casi yo no podía *evitar* que siguiera girando las cosas. Pero ahora, que tiene la edad apropiada, y se espera, de girar objetos brillantes, se queda absorto mirando un punto en el espacio, no reconociendo los juguetes frente a él.

Con la esperanza que mis padres no notaran la falta absoluta de interés de Gus a su alrededor, tomé sus manitas y golpeé los juguetes por él. Hice esto una y otra vez. Incluido palabras de elogios por el trabajo bien hecho: «¡Muy bien cariño! ¿Ves el juguete blando? ¡Golpea el juguete blando! ¡Bieeen!» Era como esa película Weekend at Bernie's [*Fin de semana con locura* o *Este muerto está muy vivo*] donde Andrew McCarthy y Jonathan Silverman paseaban alrededor a su jefe muerto como una marioneta bigotuda gigante. Mis padres, siendo educados, cariñosos y con ninguna idea de lo que ocurría, repetían heee y haaaa, y cuando se marcharon tiré el batmovil en el basurero.

A los diez meses el pediatra sugirió que marque una cita a domicilio con un especialista de intervención temprana. Gus rápidamente fue diagnosticado con trastorno de integración sensorial, que según entiendo significa que él no se sacó el calcetín títere con suficiente rapidez. Sin duda hubo muchas pruebas, pero esa es la que recuerdo: un terapista vino a nuestra casa y puso un pequeño títere por su pie. Creo que el proceso mental de Gus fue así: *Dededede, hay un dragón sobre mi pie... Dededede, mira esos ojazos... Dededede. Peludo... Dede, bien, es hora para sacarlo.* Él lo miró absorto por largo tiempo, aunque la supuesta reacción normal debe ser ¡Títere Fuera! La lentitud con respecto el títere es una señal de que el niño tiene sensación y percepción táctil insuficiente.

En ese tiempo pensé que el diagnostico era absurdo, como fueron las otras indicaciones de la alegada anormalidad de Gus. Bueno, claro, en diez meses él no puso cosas en su boca (no exploraba), no miraba a los extraños cuando le lanzaban al aire, tenía aversiones contra las texturas y los gustos no familiares. La terapista de intervención temprana trató amablemente de explicar: «Hay personas que pasan toda su vida sin poder tolerar ruidos fuertes, o el masaje no les resulta placentero, o no pueden soportar la sensación de la arena porque—"

"¿Porque es horrible?» Interrumpí mientras me apartaba de ella para lavarme las manos por la décima vez ese día. Ella estaba describiéndome. Cuando era pequeña gritaba cuando alguien trataba de ponerme en una caja de arena; también me asusta un poco todo lo que podría ser viscoso, pescado, ocra, leche, y me encantó descubrir recientemente de que hay una palabra para eso: «blenofobia». Durante un Haloween, mi prima insistió que vaciara con ella la parte interna de la calabaza. Hasta hoy es día hasta me persigue. Sin embargo, logré convertirme una mujer adulta que puede desempeñarse bien.

Mi marido, John, y yo siempre hemos vivido en apartamentos separados porque su apartamento anteriormente era un estudio de música y por tanto a prueba de ruidos; él detesta el ruido fuerte. Además, es fastidioso, y como me rehúso a alinear todos mis zapatos en las cajas y organizar mis vestidos según la textura, ambos sabíamos que no podríamos habitar juntos. (Nuestro acuerdo despierta el interés de las personas; incluso me han pedido que escribiera un libro al respecto. Siempre quise el cuento de hadas de amor y compromiso al igual que cualquier otro; simplemente no entiendo por qué compartir las mismas cuatro paredes era un requisito previo. Ahí, eso es todo, y ahora tengo 79.975 más palabras que llenar)).

De manera que gran parte de la divergencia de Gus de la conducta diaria no nos parecía tan extraño. Entonces, ¿qué pasa si él no puede comer más de una cosa a la vez, y si había dos cosas en su plato rehusaría comer nada? Sí, es cierto que Gus lloraba histéricamente y después se volvía catatónico cuando oía ciertos sonidos, por el ejemplo, el ruido profundo de ascensores viejos. ¿Pero qué importa eso? ¿Cuándo las preferencias personales algo excéntricas se convierten en una patología?

Durante los años siguientes, mi marido y yo hemos usado mucho nuestra palabra favorita: «peculiar». Gus era peculiar. Su lentitud era consecuencia de haber nacido prematuro, al igual que su tamaño pequeño. Es decir, si un niño pesa solamente seis kilos con 350 gramos a los diez meses de edad, naturalmente el resto de las cosas tomará tiempo. Era preocupante ver que a los nueve meses de edad, él era apenas un *golanim* (la palabra hebrea para los bebés que se deslizan sobre su vientre, la cual es una referencia a los soldados con armas de guerra en los Altos del Golán que se mueven arrastrándose en el suelo). Eventualmente Gus logró pasar etapas apenas dentro del tiempo apropiado donde uno no tenga que sufrir completamente un ataque de pánico. Así que caminó a los dieciocho meses de edad. Comenzó a usar el inodoro a los tres años y medio de edad. Esto no quiere decir que era perezoso para usarlo o que no entendía para qué servía. Lo sabía. Solamente gritaba cuando era conducido al baño. Era terrible y estábamos tan perplejos, al punto que Henry se unió a la lucha y él mismo arrastraba a Gus junto al inodoro. Entonces, cuando la maniobra fallaba, Henry usaba el inodoro y decía que lo que allí estaba pertenecía a Gus. Cuando Gus pudo decir algunas palabras, logró transmitir esto: el sonido de un inodoro en descarga era un elefante esperando dentro del inodoro para agarrarle y estirarlo adentro. Entonces después de mucho señalar y gritar «¡mira, no hay elefante!» Gus usó el inodoro y nunca tuvo un accidente otra vez.

Pero respecto a las palabras, no era que no las tenía. Él comenzó a hablar tarde, pero sí tenía algunas palabras a los dos años y continúo ampliando su vocabulario. El problema era *cómo* él hablaba, es decir, no hablaba a nosotros.

Extraído de un correo electrónico cuando Gus tenía aproximadamente dieciocho años:

Gus no habla todavía, pero es como tener un ave miná alrededor.

Él no imita a los humanos sino imita otros sonidos. Oyó que una sirena sonaba esta noche e hizo una buena imitación de ese sonido. Él imita el «bin» del microondas, y también del refrigerador cuando la puerta está abierta. Está más interesado en imitar a las máquinas a su alrededor que a los humanos. Pero creo que es bueno que sea un chico de la ciudad. Muy pronto él estará imitando alarmas de vehículos, ignición de escape, emisión de los buses, y disparos al paso.

Ja, ja, ja, ¡mi hijo no se interesa en humanos!

En retrospectiva, parece grotesco que yo estuviera describiendo casualmente una peculiaridad que era una señal muy grave de un asunto más serio.

El tono muscular bajo de Gus incluía su lengua, de modo que era muy difícil entenderlo. Sin embargo, si había estado conversando con nosotros, probablemente no sería tan angustiante. En cambio, él me saluda en la mañana con una serie de palabras, dirigidas quizás al armario o quizás a mis pies. Y las palabras en realidad nada tienen que ver con lo que estaba ocurriendo. Por varios años, aproximadamente hasta los cinco años, Gus hablaba en monólogos. Estos podían incluir jaguares o jirafas, o simplemente la letra *k*, porque éstas eran las cosas que le gustaban. Estas eran frases tomadas de los juguetes o la televisión o incluso de alguna otra persona sin importancia en sí mismas pero dichas con gran entusiasmo. Esto ocurrió mientras estaba en el jardín de infantes e incluso después de que aprendió a usar la computadora. Él indicaba si quería algo, pero no había reciprocidad. John y yo decíamos que Gus estaba bien porque podía leer cuando tenía tres años; solamente ignoramos el hecho de que Gus no entendía lo que leía. (Muchos niños con autismo pueden descifrar palabras sin comprenderlas. ¿Quién sabía **que esto era una cosa?**) También aprendió de memoria todo su lenguaje. Olvídese del títere media, si realmente quiere saber si su hijo

tiene autismo, vea cuánto le gusta los anuncios por los medios de difusión pública. La primera oración real de Gus, a propósito de nada, fue
«Principal fondo para el científico *Bill Nye* provisto por la Fundación
Nacional de ciencia, la Corporación de medios de difusión pública, y
los espectadores como usted». Solamente que sonaba como «prinpa-
fondparabillneys» porque su lengua no funcionaba bien.

Antes de que se considerara el autismo una condición en sí misma,
se pensaba que era una forma de esquizofrenia infantil, y es fácil entender por qué: durante años la relación entre la realidad y la expresión
verbal para Gus a lo más era tenue y a veces no existente. Por un lado,
Gus tenía demasiadas palabras para las cosas, y parecía que sabía lo que
esas cosas significaban, aunque nosotros no lo sabíamos. Pero ¿la idea
de repetir lo que dije, practicando el lenguaje, como los niños típicamente hacen? No. En efecto, fue obvio, aunque Gus ame la repetición y
todavía lo hace en muchas áreas, ninguna cantidad de repetición puede
hacer que haga lo que yo estaba haciendo.

Puede que haya una buena razón para eso.

El antiguo adagio «lo que el mono ve, el mono hace» proviene
de una fuente muy interesante: los monos. A principios de 1990, fue
confirmado por los científicos que estudiaban el comportamiento de
los monos, que los monos al ver que los científicos comían, ellos indica-
ban que también querían comer, aunque habían comido recientemente. Además, las partes del cerebro de los monos que indican hambre
se iluminaban. (Los científicos sabían esto porque los pobres monos
tenían electrodos implantados en la cabeza. Esta es la clase de investigación que es más difícil de lograr con los seres humanos). La observación de los monos de los seres humanos comiendo (lo que el mono ve)
estimuló la misma parte de sus cerebros como su propio alimento (el
mono hace). Este fenómeno llevó a los investigadores a descubrir que
hay neuronas únicas en el córtex cerebral frontal y premotor llamadas
«neuronas espejo» que nos ayudan a aprender el comportamiento

mediante la imitación. También las neuronas espejo pueden volvernos receptivos al comportamiento de otros incluso cuando no deseamos imitarlos. Por ejemplo, su amigo acaba de bostezar. Ahora, procure de *no* bostezar, ¿entiende?

En el 2005, los investigadores de la Universidad de California, San Diego, notaron en los encefalogramas (EEG) de diez personas con autismo que el sistema de las neuronas espejo no «imitaban» en absoluto. Sus neuronas espejo respondían solamente a lo que ellos mismos hacían, y no a lo que otros hacían. Las implicaciones de un sistema incierto de neuronas espejo son profundas, puesto que las neuronas espejo están incluidas no solamente en un tipo de acción como *Simón dice* (un juego que completamente le deja desconcertado a Gus) sino también en todo tipo de aprendizaje, desde sostener una cuchara a la conversación recíproca hasta comprender las acciones y emociones de otras personas.

¿Cómo aprende usted si no imita? Bien, en el caso de Gus, finalmente lo hace, pero puede que sea en la milésima repetición en vez de la tercera o cuarta. Hasta hoy Gus no puede cepillarse los dientes correctamente sin que se le motive verbalmente. No importa cuántas veces le haya mostrado cómo cepillarse, parece desconcertado.

Como sucede a menudo, la televisión y las películas vienen al rescate. «Colmillos» yo grito, y gracias al Conde en Plaza Sésamo, Gus sabe que debe mostrar y cepillarse los colmillos. Tom y Jerry también ayudan con mi otra orden, «Bulldog», y Gus abre la mandíbula y cepilla los dientes de la parte inferior. Pero cuando le muestro cómo *me* cepillo los dientes, siempre hay cierta posibilidad de que cepille su cara.

*   *   *

Bueno, al menos él no es autista, ¿verdad?

Me estremezco ahora cuando pienso cuán a menudo obligué a todas esas personas con buenas intenciones, terapistas, maestras, consejeros, amigos, niñeras, parientes, a sonreír por simpatía por la respuesta requerida. Era el equivalente mental como decir: «¿luce gordo mi trasero con estos pantalones?» ¿Sabe qué? Si tiene que preguntar, definitivamente su trasero luce gordo con esos pantalones.

Todo el mundo, *todos*, dijeron «no». El maestro de infantes en la elegante escuela de Manhattan de la que fue expulsado a la edad de cuatro años. El director de la escuela pública a la que asistió a la edad de cinco años, donde fracasó aún con un ayudante a tiempo completo. (Gus era tan pequeño y desatento, uno de los niños preguntó a la maestra, «¿por qué hay un bebé en nuestra clase?»). Incluso cuando nos dimos cuenta de que tendría que repetir el preescolar, y el entró a una escuela privada para los que tienen problemas de aprendizaje, no nos dijeron que tenía autismo. El diagnostico era «discapacidad de aprendizaje no verbal», o sea que él no podría comprender la comunicación no verbal. Puesto que nadie había mencionado la palabra A, yo sentía como «bueno, ¡eso no está tan mal!». Lo malo fue que Gus fue expulsado de esa escuela también, porque yo no (A) quería medicarlo a la edad de seis años, y (B) pagar varios miles de dólares extras al mes (que no tenía) para que un maestro particular estuviera con él todo el tiempo para que vagara fuera de la clase.

Henry nunca desaprovechó una oportunidad para quejarse, preguntaba por qué él tenía que asistir la «difícil» escuela pública mientras que su hermano recibía toda la atención en la fácil y elegante escuela privada. La escuela pública era excelente. La escuela privada era mediocre y su director, arrogante. Se pidió a Gus que saliera.

Después de cada fracaso, yo siempre tenía una excusa: bueno, ¡por supuesto él fue expulsado del preescolar a los cuatro años! Gus estaba profundamente atraído a una niñita con ansiedad de separación, y cuando ella se enojaba, él se ponía en una esquina y rehusaba interactuar con cualquier persona. ¡Él solamente era muy sensible! (En realidad esto era cierto, pero la mayoría de los niños sensibles todavía pueden funcionar. Gus no podía). Y por supuesto Gus fue expulsado de la escuela para niños con discapacidad de aprendizaje. Él no estaba tomando medicamentos como esos niños. (No estoy en absoluto en contra de las medicinas. Solamente estoy en contra de esas por falta de atención para un niño que apenas salió de la guardería infantil).

Gus tenía seis años cuando finalmente un amable neuropsicólogo nos dijo que Gus estaba en «el espectro». No recuerdo mucho acerca de ese día. Sí recuerdo que John, brusco, firme, muy británico, se metió a la cama con Gus esa noche y lloró.

*   *   *

En los meses siguientes también yo derramé muchas lágrimas, especialmente respecto a las pruebas neuropsicológicas y las escuelas. Las pruebas neuropsicológicas miden la capacidad cognitiva general del niño, así como también sus áreas de fortalezas y debilidades.

Cuando digo a los amigos que rehusé mirar los resultados, a menudo se sorprenden. Ellos no pueden comprender el temor paralizante que viene con algunas clases de conocimiento. Esto es lo único con lo que puedo compararlo: cuando era pequeña tenía una mascota boa constrictor, de nombre *Julio Exprimidor*. La desventaja de tener a Julio es que comía ratas vivas. Cada semana yo iba a la tienda de animales y traía a casa un ratón gordo en un recipiente de comida china. Me volvía como acero mientras arrojaba a la pequeña mascota en el terrario de Julio. A veces el ratón trataba de escaparse de la caja. Evacuaba sus intestinos por miedo. Cuando caía en la caja, el ratón y Julio se miraban y estaban quietos. Y después...

Enfrento los hechos como ese ratón enfrentaba a mi mascota Julio.

Aunque el diagnostico de Gus era devastador, dio una dirección general a su educación. Y la primera cosa que teníamos que hacer es poner a nuestro niño «especial» de seis años en la escuela correcta. Las pruebas neuropsicológicas que pasamos eran obligatorias para matricular a nuestro hijo en un ambiente «apropiado» en el sistema escolar

de la ciudad de Nueva York. Ahora teníamos una mejor idea de lo que
sería para Gus. Hay programas públicos y programas privados. En los
programas públicos, los niños con diversas discapacidades suelen agru-
parse juntos: los problemas médicos, emocionales, y cognitivos son
una mezcla fuerte. Y aunque me encantó la escuela pública para Henry,
me horrorizó pensar en Gus, dulce, ingenuo, absolutamente incapaz de
defenderse, en cualquier ambiente de la escuela pública con niños que
tienen una mezcla impredecible de problemas médicos, emocionales
y cognitivos. El proceso bizantino de matricular a un hijo en muchas
escuelas privadas de educación especial requiere demandar a la ciudad
por financiar una «educación» inadecuada. Usted tiene que probar
que el Departamento de Educación no tiene los recursos para educar
adecuadamente a su hijo. El proceso es complicado, pero está *allí*, y por
eso estoy agradecida a nuestra ciudad. De lo contrario, otras opciones
eran encontrar una manera de conseguir sesenta y dos mil dólares para
la escuela adecuada, «adecuada», entre otras cosas, es lo que permite
que los padres concilien el sueño por la noche, o poner a Gus en una
escuela inadecuada, potencialmente muy inadecuada.

Uno sabe que las cosas son malas cuando el abogado comienza a
abrazarte.

«Eso es estupendo, solamente llora así cuando mañana estés en la
reunión con el Departamento de Educación», dijo Regina Skyer, una
del puñado de abogados especialistas con demandas al Departamento
de Educación en la ciudad de Nueva York. Me encanta Regina. Por
un lado, es muy inteligente y, por otro lado es muy elegante, la única
mujer norteamericana entre mis conocidas que realmente es sofisticada. Sin embargo, es su trabajo describir la situación de su hijo como
tan grave que solamente la escuela a la que ha decidido matricularlo,
cualquiera sea la situación, pueda probablemente acomodarlo. Regina
vino al Departamento de Educación para repasar conmigo. Durante la
reunión, ella siguió pasándome notas como una especie de taquigrafía,

indicando en ellas qué puntos hablar. Mi favorita fue la que me pasó en letras mayúsculas: «El NIÑO ESTARÁ EN LA CARCEL SIN EDUCACIÓN ADECUADA». Pensé que debía decir esto en voz alta, pero es difícil decir en una sala llena de extraños que uno piensa que su niño de seis años está sujeto a prisión sin la ayuda de ellos.

Regina ha sido maravillosa, y fue de gran ayuda en lograr que Gus se matriculara en LearningSpring, una escuela primaria especialmente para niños con TEA. Todavía, hasta este día, con sólo ir a su oficina mis lágrimas comienzan a brotar. En mi reciente cita, buscando una escuela secundaria para un niño que el calendario indicaba que tenía doce años, pero que parecía de nueve años y se portaba como uno de siete, ella me abrazó, y dijo: «Sabes, no todos pueden ser el primer violín. ¡Hay muchas posiciones en la orquesta!».

Claro, pensé, *pero ¿sería mi hijo capaz de al menos sostener ese triángulo y hacer «tin»? Porque si pudiera hacerlo, entonces yo estaría muy, muy contenta.*

*   *   *

Después del diagnóstico de Gus, durante los primeros años, yo estaba segura de muchas cosas. Comenzando con: mi pequeño muchacho nunca tendrá amistades verdaderas. Mientras tenga mi protección, o la de su hermano, no será maltratado..., pero ¿qué si algo nos sucediera a nosotros? Las etapas de una vida bien vivida, fiestas, citas, primer trabajo, primer amor, serían ajenas a él. Sería siempre el chico que no entendería el chiste.

Descubrir que tu hijo tiene trastorno del espectro autista es como un hombre regular en *Hombres de negro*, sin que importe darnode que la mitad de nuestros conciudadanos sea de otro planeta. Antes de mi hijo, ¿qué era una persona autista? Después de mi hijo, es como si ellos estuvieran por todas partes, pero no todos los notan. Sin embargo, cuando pude notar, hubo noches de mucho dolor. No exactamente por mí misma. Más bien como una angustia colateral. Los niños en mi pasado. Si tan solo los hubiera conocido.

Recuerdo a una niña que vestía un abrigo de algodón rojo con mangas y cuello cubierto de pelo de conejo. Alejandra Montenegro, tus acaudalados padres te vestían muy bien, quizás con la esperanza de que, con el abrigo de pelo de conejo, el vestido de terciopelo, las medias blancas, y tus zapatos merceditas, te integraras bien con los demás. No te integraste. Oí tus gritos de frustración mientras las niñas en el patio de juego te quitaron el abrigo del que estabas tan orgullosa. Te agazapaste en el pavimento de hormigón, tapándote las orejas con las manos, gritando y golpeando el suelo mientras ellas danzaban a tu alrededor, evitando que alcanzaras el abrigo e imitando tu incomprensible voz. La gravilla en tus calcetines blancos; los rasguños en tus brazos comenzaron a sangrar. ¿Dónde estaba nuestra maestra? (Solamente después, como adolescentes, descubrimos que, durante el recreo escolar, ella estaba desahogándose con el director, el dickensiano, Sr. Snod-stock) Esta era una de esas escuelas privadas donde un cheque compraba la admisión. Pero, Alejandra, ¿por qué tus padres, tan esperanzados y ignorantes, insistían en enviarte a una escuela donde serías conocida como la retardada? Cuando el tormento comenzó, me alejaba del campo de juego y fingía estudiar las malezas que brotaban a través de las grietas en el pavimento. Nunca participé del juego. Sin embargo, tampoco hice nada por pararlo, absolutamente nada.

Después la escuela pública. Timmy Stavros. Ay, Timmy, ¿qué pensaban tus padres? Te dejan salir de casa sin bañarte, oliendo a desaguadero, pantalones muy ajustados que podía notarse el bulto, cabello negro gomoso, piel tan desagradable parecía más bien como granos rodeados con algo de piel y viceversa. Seguramente asistías a las clases, pero me parecía que solamente existías fuera de la escuela, en el perímetro, vagando y circulando, como un perro en el basural. Los muchachos siempre te enviaban a hacer mandados sin ninguna razón solamente para observar tu rápida obediencia; probablemente pasaste la mitad de tu vida buscando al portero para informarle de los problemas inexistentes en los baños de la escuela.

¿Y las niñas? La mayoría solamente reían; escuché que una de ellas te pidió una cita, después juntamente con sus amigas, se marchó riéndose histéricamente. Eras puro hormonas con piernas, observando hambriento, hablando con nadie. Tenía miedo de ti, pero prometí a mí misma que esto no sería como fue con Alejandra. De manera que dije, 'hola'. Eso es todo, solamente hola. Lo estaba haciendo por mí misma, no por ti, y me sentía como nada y pensé que ni notarias. Lo notaste. Me esperaste fuera de las clases. Tu boca se abría un poco, dejando ver hilos de saliva que pendían por un segundo; decías algunas cuatro o cinco palabras que yo no podía entender. Entonces girabas en otra dirección, con los libros apretados contra tu pecho. Corrías como un personaje de dibujos animados, con el cuerpo doblado en la cintura, piernas girando, como el Correcaminos con acné y con una sobrecarga de hormonas.

¿Cómo fue cuando regresabas a tu casa junto a tus padres por la noche? ¿Les decías que tuviste un buen día?

Algunas personas buscan por Google a sus antiguos novios. Yo busco por Google a Alejandra y a Timmy. Timmy todavía vive en los suburbios en la casa de sus padres. Alejandra parece estar desaparecida. Alejandra quiero tanto pedirte disculpas. Espero que leas esto.

Dos

¿POR QUÉ?

Este es el juego que jugué conmigo misma cuando estaba embarazada: si algo fuera anormal con mi hijo, ¿qué tipo de anormalidad sería capaz de tolerar y qué tipo estaría más allá de mis límites? (Como puede ver, no tengo un A+ en el registro de la decencia básica humana). Por lo general, un problema físico estaría bien. Si a mí bebé le faltara una parte de su cuerpo, si fuera muy pequeño o muy grande o tuviera un ojo en medio de su frente, podría sobrellevarlo. Había cirugía; había mejoras. Pero al pensar acerca de alguna clase de deficiencia mental, estaba perdida. ¿No era intelectual? ¿Cuál sería el punto? No hay realmente vida sin una vida mental.

Entonces tuve a Gus.

Como todos los padres de un hijo con discapacidad, pensaba mucho, generalmente a las cuatro de la mañana, en por qué Gus tenía autismo. Además de las respuestas de la internet, que me daba muchas razones posibles. Como estas:

Porque mi marido es viejo. John tenía sesenta y nueve años cuando Gus y Henry fueron concebidos. Todos sabemos acerca de los problemas con los huevos viejos, pero los espermas viejos, o más exactamente los espermas nuevos fabricados por hombres viejos, tampoco nos hacen ningún favor. Un informe en mayo del 2016 en el *American Journal of Stem Cells* encontró que los hijos de varones de más de cuarenta años son seis veces más propensos a desarrollar autismo que los hijos de varones bajo los treinta años, y asimismo también con tendencia mayor al riesgo del síndrome de Down y defectos del corazón. Se piensa que el incremento del riesgo se debe a una acumulación de mutaciones genéticas en el esperma de padres más viejos.

Un momento, ¿cuarenta años es considerado «más viejo"? ¿Y qué alrededor de casi los setenta años? ¿Cómo se entiende eso?

Porque yo era vieja. Yo tenía cuarenta años cuando Gus y Henry fueron concebidos. Hay un aumento de evidencia que las madres mayores probablemente tengan hijos con TEA, debido no solamente a los cambios de cromosomas en los huevos viejos sino también debido a una clase de cambios del ambiente por el envejecimiento en el útero. Estupendo. Como si tener pechos flácidos no fuera suficiente castigo.

Porque era gorda. Bueno, no gorda, pero tampoco esbelta. Una gran cantidad de estudios de epidemiologías demostraron que la obesidad materna y la diabetes gestacional han afectado el aumentado del promedio de autismo en los niños.

Porque he tenido gemelos vía FIV. Al parecer no es tanto la fertilización en vitro, en sí, puesto que no hay aumento del riesgo de autismo en un parto simple. Sin embargo, cuando resultan gemelos o triples de FIV, hay una incidencia mayor de que uno de los niños concebidos tenga autismo, los principales investigadores creen, otra vez, que el ambiente del útero como también la genética desempeñan una función.

Porque era una adicta a la vitamina. Cuando quedé embaraza-da, fui un poco selectiva de las reglas de nutrición que obedecí. Noblemente dejé de fumar y de comer sushi, aunque tampoco nunca antes traté de empezar. Dejé de beber, porque podía, y también porque vomitaba todo el tiempo y casi nunca quise beber (aunque en las pocas ocasiones que lo hice, solamente leía en francés algo que lo asintiera para tranquilizarme).

Sin embargo, cuando se trataba de reglas que podía seguir que no requerían sacrificio, las aceptaba, por lo cual comencé a tomar vitaminas prenatales como Skittles. ¡Esencial para evitar los defectos de nacimiento! ¡Yo los consumía! Pero espere, acabo de descubrir que según la investigación conducida por la escuela Bloomberg de la salud pública de Johns Hopkins, los altos niveles de ácido fólico en el nacimiento están asociados con una tasa doble del promedio de autismo. Y niveles muy altos de B12, también en las vitaminas prenatales, triplica las probabilidades de que los hijos desarrollen TEA. ¿Y qué ocurre si usted tiene altos niveles de ambos? Qué divertido. La probabilidad de que tenga un hijo con el trastorno del espectro autista, según este estudio realizado en el 2016, *aumenta 17.6 veces.*

A causa de 9/11. Setiembre 11 del 2001, fue la fecha que se derrumbaron las torres gemelas del World Trade Center. El 25 de setiembre del 2001, fue el día que Henry y Gus nacieron. Mi casa está ubicada aproximadamente a media milla de las torres. Aunque fue hospitalizada algo más lejos en la ciudad por las dos últimas semanas de mi embarazo, viví casi dos semanas con el rancio hedor metálico de los escombros de esos edificios caídos. Un estudio en el 2014 realizado por investigadores de la salud pública en la escuela de Harvard descubrió una conexión entre el autismo y la exposición del útero a la polución del ambiente: el riesgo de autismo fue doble entre los hijos de las mujeres expuestas a altos niveles de partículas de polución en el aire durante el embarazo. Entonces... estuve expuesta al final del embarazo, no al principio, cuando uno piensa que las estructuras del cerebro comienzan a formarse. Pero, quién sabe.

Porque hay algo extraño en John. Desde que he conocido a mi esposo, él ha sido un cantante de ópera. Sin embargo, durante sus veintes, antes de que se diera cuenta de que podía ganar dinero al abrir la boca y cantar a todo pulmón, era un ingeniero eléctrico. Según una serie de estudios británicos, los hijos de los ingenieros tienen el doble de probabilidad de concebir hijos con autismo, e incluso los nietos de los ingenieros normalmente son los más afectados. Los autistas se han congregado alrededor de los principales centros de ingeniería como Silicon Valley; Austin, Texas; y la ruta Boston 128, centro de la tecnología.

¿Por qué los ingenieros producían más hijos autistas? Bueno, no es que sean ingenieros, en sí; ellos son «sistemáticos», el tipo de personas que consideran el mundo en patrones predecibles, repetibles, gobernado por leyes. El otro polo en la conducta humana son los «empáticos», que consideran los eventos del mundo como más casuales, y gobernados más por los impulsos de la emoción humana. De modo que un empático puede llegar a la escena del crimen y preguntar primero, «¿qué relación tenía el asesino con la persona muerta?», mientras que un sistemático querrá resolver el crimen basado en patrones de las salpicaduras de la sangre y la trayectoria de la bala.

Por supuesto, la perspectiva de toda persona respeto a la vida enfoca en una continuidad. Sin embargo, los ingenieros y los de su clase están del otro lado de la sistematización del espectro, y también las personas autistas. La motivación emocional puede ser un poco más misterioso para ellos, como pueden atestiguar cualquiera de los que han estado colaborando con un ingeniero (o programador de computadora, o básicamente cualquier persona que trabaje en un laboratorio). Recuerdo una cita con un joven en la escuela de postgrado, quién más tarde se convirtió en uno de los principales expertos en el país sobre la realidad virtual. Yo había producido pinturas para la piel y pensé en probarlas. ¿Mencioné que en ese entonces tenía diecinueve años? De todas maneras, él estaba muy interesado en la composición química de las pinturas. ¿Cuánto tiempo tomaría secarse luego de aplicarlas? ¿Se pueden consumir o simplemente no son toxicas? Y, ¿retendría su pigmentación después de pintarlas sobre sobre un lienzo reactivo como la piel? Imagine usted lo bueno que fue esa cita.

Mi punto es, los ingenieros no son conocidos por su capacidad de divertirse en las citas, y en siglos anteriores probablemente no encontraron parejas. Sin embargo, Baron-Cohen, director en el centro para la investigación del autismo en la universidad de Cambridge, teoriza que parte de la razón del aumento de los niveles de autismo es que las personas socialmente ineptas tienen mayores probabilidades ahora que en el pasado de encontrar parejas y reproducirse (gracias, Tinder) a menudo con las mujeres similarmente dotadas técnicamente y también socialmente ineptas.

Por consiguiente, el aumento en el número de niños que, según la jerga de Baron-Cohen, son sistematizados, a veces conduce a talentos extraordinarios, y a veces a discapacidades extraordinarias. Y a veces ambos.

John tiene un hijo, Karl, de un matrimonio anterior. Karl

ahora está en sus sesenta, mucho más viejo que yo. Él es un maravilloso pintor, historiador local, y un coleccionista de botellas antiguas y no tiene un teléfono, mucho menos una computadora. Él conoce a todos en su pequeña villa en el norte de England, pero no tiene amigos cercanos. Cuando John viaja a England dos veces al año, no tiene necesidad de convenir una cita con su hijo. John solamente aparece en la cantina que Karl visita cada sábado por la noche durante los últimos cuarenta años y allí lo encuentra. Karl vivió con su madre, la esposa anterior de John, hasta el día que ella falleció. Karl nunca se casó, nunca tuvo una novia o un amigo. Él parece contento.

"En England durante ese tiempo, uno nunca consideró *eso*», me dijo John recientemente.

Me gustaría saber acerca de John. Varias veces le pregunté si consideraría responder al breve cuestionario psicológico conocido como *cociente del espectro autista*. Él siempre está muy ocupado.

Porque hay algo raro en mí. Las personas con TEA a menudo tienen un sistema sensorial que no funciona adecuadamente, ya sea que reaccionan poco o reaccionan exageradamente al estímulo en el ambiente. Exactamente cómo el cerebro no funciona bien es algo confuso. Tiene algo que ver con la interacción entre los receptores sensoriales del sistema nervioso periférico (el cuerpo menos el cerebro y la médula espinal) y el sistema nervioso central en sí. Pero a veces una persona puede reaccionar de más en algunas circunstancias y reaccionar poco en otras. Gus es muy sensible al calor: él quiere todas sus comidas a la temperatura del ambiente y se baña con agua fría, lo cual la mayoría de nosotros consideraría muy fría. Por otro lado, su nivel de reacción es bajo en su sentido de espacio: él todavía choca con las personas en la calle y hablaría a escasos centímetros de mi cara si yo no le agarrara constantemente de los hombros y le empujara hacia atrás.

Así también en un grado menor pero marcado, tengo los mismos problemas. Toda mi mañana podría arruinarse si yo tocara algo pegajoso. Tengo una gran colección de tarjetas para masajes sin usar de amigos bien intencionados pero que no saben mi regla: si no tengo relación con usted, no quiero que me toque. Y cuando estoy enferma, a menudo tengo sinestesia, una percepción de varios sentidos como vistas, sonidos, y gustos que se mezclan o cruzan de manera peculiar. Por ejemplo, estando embarazada y con náuseas, cada mañana tenía que mantener mis ojos cerrados y estarme quieta. Tengo las paredes de mi habitación pintadas de rojo, y al mirar las paredes, podía oler y gustar carne podrida.

Porque yo era un desastre. Hasta este año había estudios que revelaban un ligero enlace entre tomar las pastillas antidepresivas y un aumento en los niños con el TEA. Ahora, parece, que el hospital general en Massachusetts ha desacreditado ese enlace. Sin embargo, todavía hay una correlación entre la depresión y la ansiedad en las madres y el TEA. Yo no tomé pastillas antidepresivas. Sin embargo, quizás debí tomarlas, puesto que vivía en un estado de ansiedad perpetuo. Preocupaciones financieras; nauseas constantes; sentía de que no tenía la paciencia para ser una madre de un hijo y muchos menos de dos; un marido envejecido que no creía en mi argumento que «si Larry King podría hacerlo a *su* edad avanzada, tú también puedes», adjunto a todo esto un embarazo muy infeliz.

¿Era el exceso de cortisol, la hormona del estrés, que estaba causando estragos en el pequeño cerebro de Gus? E incluso ahora, a veces veo una correlación directa entre este tiempo en

mi vida y sus temores irracionales. Cada vez que Gus se escon-
de en el armario durante una tormenta, pienso, *si tan solo hubiera tomado clases de yoga prenatal.*

Así, para resumir: padre viejo + tecnología reproductiva + gemelos
= triple perfecto de mala suerte. Estos son los factores de riesgos principales para el autismo. Tuve todos ellos.

Sin embargo, todavía había una otra posibilidad:

Porque soy mala. Unos días atrás Henry me dijo, «creo que
naciste para ser una madre». Ja. Ja. A-jajajajajajajaja.

Después de que Henry y Gus nacieron por una urgencia de cesárea,
no los vi por veinticuatro horas. No porque no estaba permitido sino
porque simplemente no quería levantarme. Ya había dicho al personal
de enfermería de la universidad en Nueva York que no amamantaría a
mis hijos. Por el contrario, alternaba entre dormir y apretar el botón
del goteo de morfina como una rata de laboratorio. Los amigos y mi
familia vieron a los niños antes de que yo los viera.

En los meses siguientes, gasté dinero que en realidad no tenía para
contratar una niñera porque yo quería seguir trabajando y sabía que
la privación del sueño significaba ningún trabajo. Esa era parte de la
razón. La otra parte era que estaba realmente asustada de los bebés, y
tener dos del tamaño de unos pollos asados y que parecían como ese
bebé en la película *Eraserhead* [Cabeza borradora] tampoco les ayu-
daba. Tampoco John era una fuente de consuelo. En retrospectiva es
comprensible que un hombre de su edad, que ya tiene un hijo adulto,
un hijo mayor que su propia esposa, no se interesara tanto con los infantes. Él nunca cambió un pañal, y tendía a decir cosas como «los niños destruyen tu alma». Eventualmente John resultó ser más paciente
y cariñoso que yo. Pero durante ese lapso yo pasaba la mayor parte de

mi tiempo ya sea llorando o mirando a hombres en Match.com, a muchos de los cuales, dije a mí misma a modo de aliento, que en realidad no sabían que querían a una mujer de cuarenta y un años con hijos gemelos, pero lo sabrían en el momento que me vieran.

El amor por Henry y Gus vino inevitablemente pero gradualmente. Esos primeros seis meses fueron brutales.

Sin que importe que la idea esté desacreditada, como ha sido por muchos años, cada madre de un hijo con autismo ocasionalmente afirma el término «madres nevera», popularizado por el famoso psicólogo Bruno Bettelheim. (En realidad era un comerciante de madera que luego estudió filosofía en la universidad de Viena en Austria. Después de mudarse a los Estados Unidos se dedicó como psicólogo de niños).

El autismo fue presentado por primera vez a la cultura popular en un artículo de la revista *Time*, publicado en 1948 bajo el título de «Frosted Children» [Niños fríos] en el que se informaba del trabajo de Leo Kanner, el psiquiatra que en 1943 identificó la condición del «autismo infantil precoz». Kanner siempre creyó que el autismo era innato. Sin embargo, también especuló, quizás algo imprudente, que los padres de estos «esquizoides en pañales» como los llama el artículo, se mostraban inusualmente fríos y en realidad no existían entre las clases menos educadas. Más tarde, Kanner llegó a creer que los mismos padres tenían rastros del comportamiento autista que se desarrollaron completamente en sus hijos, en otras palabras, los padres tenían algunos rasgos autistas y transmitieron a sus hijos.

Sin embargo, no fue así como Bettelheim lo consideró, quien fue director de la Escuela Ortogénica Sonia Shankman de Chicago para niños emocionalmente perturbados. Bettelheim creía que la frialdad de los padres *causaba* el autismo. ¿Quiere saber la parte de este argumento que me perturbaba? Esta, del libro mejor vendido de Bettelheim, *The Empty Fortress [La fortaleza vacía: autismo infantil y el nacimiento del yo]*: El factor principal en el autismo infantil es el deseo de los padres de que su hijo no exista. Si los humanos abandonan a sus hijos antes de haber desarrollado bien para funcionar por sí mismos, morirán. Y si su cuidado físico es suficiente para su supervivencia pero están abandonados emocionalmente, o son forzados más allá de su capacidad para sobrellevar, se volverán autistas».

Entonces, ¿por qué pasaría años inyectándome con drogas para la fertilidad y tener relaciones cuando el tiempo lo dicta si no deseo tener hijos? Y en momentos obscuros todavía me preguntaba. ¿En todos esos abortos espontáneos fue la mente guiando al cuerpo para hacer lo que yo realmente deseaba?

Cuando todavía necesitaba más maneras de culparme, leía acerca de los genes que forman parte del desarrollo del cerebro, más específicamente alrededor de doscientas y más mutaciones que se encuentran en los niños con TEA. ¿Son algunos importantes? ¿Uno? ¿Ninguno? ¿Todos? Después, me encontré con estudios hechos en ratones que muestran que si contraen ciertos virus durante el embarazo, sus crías desarrollarán síntomas parecidos al autismo. ¿Acaso tuve un virus que causó una reacción en cadena de daño cerebral? Quién sabe, yo estaba muy ocupada vomitando.

Todavía tengo días de tanta agitación acerca de todas las maneras en que pude haber causado el autismo de Gus. Sin embargo, está esa horrible teoría, y después está esa preciosa personita. Miro a Gus la persona, no a Gus la condición mental, y entonces me calmo.

Tres

OTRA VEZ, OTRA VEZ, OTRA VEZ

Yo: ¿Te dije que eres hermoso?

Gus: Sí.

Yo: ¿Te dije que te amo?

Gus: Sí. ¿Y te dije que eres mala?

Yo: *NAH*.

Gus: [ríe]

Gus: ¿Qué es la mejor parte de tu día?

Yo: Ponerte en la cama.

Gus: ¿Y la peor?

Yo: No tengo momentos malos. ¿Y tú?

Gus: La mejor parte de mi día es cuando me pones en la cama. No tengo momentos malos.

Yo: Bueno, tengo solamente una pregunta que hacerte...

Gus: [Ojos brillantes. Espera... Espera para decirme...]

Yo: ¿Eres mi amorcito?

Gus: *¡SÍ!* Sí, yo soy tu amorcito.

—¿Mamá? ¿En serio? ¿Todavía estás haciendo eso? —dice Henry, in-
crédulo, cuando oye nuestro catecismo nocturno. A los catorce años,

Henry raramente sale de su habitación durante la noche excepto para llegar hasta el refrigerador y comer unos bocadillos, lo cual explica cómo pude esconderme de él un par de años. BUENO, probablemente diez años. Henry piensa que la lógica es la respuesta a todo.

—Ante todo, eso no es verdad —comienza Henry—. Francamente, él no es tan apuesto, y si la mejor parte de tu día es ponerlo en la cama, necesitas tener algo más que hacer. Segundo, eso ni siquiera tiene sentido. Cuando él dice, «¿te dije que eres mala?» y le respondes, «NAH», ¿nunca se te ocurrió cuestionar esa idea?

—Le hace reír —digo, algo defensiva.

—Lo sé... pero le hacía reír cuando teníamos *cinco* años. ¿POR QUÉ LO SIGUES HACIENDO?

Por cierto, ¿por qué? ¿Por qué dejo que coma la misma comida, vista los mismos pijamas, mire los mismos videos, que me repita los mismos informes del tiempo durante la cena, que rescate sus animales de peluche de la basura cuando procuro desecharlos? («Ellos quieren dormir conmigo»). Estas extravagancias son menores. Sin embargo, otras no lo son porque revelan una incapacidad, o falta de voluntad para aprender de la experiencia.

Cuando recibí una nota de la escuela de Gus diciendo que estaban preocupados por su higiene, quedé mortificada. Con la cantidad de veces que les he recordado e irritado para asegurarme de que ambos de mis hijos se cepillen, bañen y laven las manos, es un milagro de que no les haya inducido alguna forma de TOC [trastorno obsesivo-compulsivo]. Una y otra vez le digo a Gus, si eres autista es muy importante que practiques como ser «apuesto» (como él lo llama), de modo que aunque seas diferente de otras personas, ellas no se disgustarán contigo. Creo esto, y se lo repito cada día. Pero llega un cierto punto cuando una madre no quiere lavar el cabello de su hijo, y él tampoco quiere que ella lo haga. El problema es que Gus no entiende la idea de enjuagar el champú. Él no puede, ni pondrá la cabeza completamente bajo el

chorro de agua, ni la inclinará hacia atrás; parece que piensa que ingeri-
rá agua y se sofocará. Entonces si físicamente no le obligara, el jabón se
acumula y su cabello parece que pertenece a Johnny Rotten [conocido
también como John Lydon]. No es gran cosa, y sin embargo es un gran
problema. Casi me pongo a llorar acerca del jabón en su cabello. Claro, puedo resolver el problema dándole un corte de pelo. Pero, cuando
hice esto en el pasado, su padre, cantante de ópera, cuyas ideas acerca
del cabello de los hombres fueron influenciadas indebidamente por sus
muchas actuaciones en *Sansón y Dalila*, se pone triste.

*　　*　　*

Todos los niños disfrutan y necesitan una cierta cantidad de rutina en
sus vidas. Sin embargo, la mayoría fueron creados también para tener
variedad. Las personas con autismo están creadas para lo predecible. La
constancia es esencial a Gus.

Tengo que tener cuidado de los sonidos que hago cuando estoy
con Gus porque si le gusta un sonido, me exigirá que lo repita por la
eternidad. Y, por lo general, el sonido debe ser cantado y no hablado.
De modo que solamente se cepillará los dientes si yo canto «¡men-
ta!» y solamente se lavará las manos si digo, de una manera indagado-
ra, «¿palmas?» (Por años sus maestros le llamaban el niño sin manos
porque Gus no podía dejar que nada tocara sus palmas. Solamente las
puntas de los dedos se expusieron al agua. De ahí mi insistencia en que
se lavara las palmas). ¿Y los alimentos? Él se ha servido el mismo plato
de manzanas, bananas, y cereales cada mañana desde que podía consumir alimentos sólidos, y cada noche comía el mismo arroz con leche.
(También debía ser la misma variedad de manzanas. Cuando en otoño
vamos a recoger manzanas, él las recoge alegremente pero no las come
porque sabe que no son de la misma marca Fujis). Sin falta, cada viernes
por la noche hay palitos de pollo y papas fritas del restaurante griego
local. Puré de papas es la única clase de papa que come y devora un

aguacate al día. No come verduras, ni arroz ni pan ni pasta. Le gusta exactamente la misma comida y la recibe con deleite, no importa cuántas veces se haya servido.

Como es una persona alegre, no sufre ninguna crisis nerviosa como muchos jóvenes con el trastorno cuando se interrumpe su rutina. Si hacemos un recorrido algo diferente a la escuela, él simplemente tiembla pero no se tira al suelo. Si un tren para inesperadamente en el túnel, puede que deje correr algunas lágrimas silenciosamente por su mejilla, pero él no se enoja. Y si un tren cambia de ruta y el tren E aparece donde supuestamente debía estar el tren B, puedo distraerle de su pánico explicándole que fue un tren «mágico». Por cierto, decir que algo o alguien son «mágicos» a menudo suaviza el golpe. Razón por la cual el maestro sustituto en la escuela, una persona inesperada, es prácticamente un mago en cuanto a Gus se refiere.

Sin embargo, la ansiedad por lo desconocido siempre está presente. Ningún tipo de razonamiento ha impedido que llorara cuando ve en su amado *weather.com* una probabilidad de tormenta eléctrica. «Sé que no me va lastimar», dice mientras agarra sus sábanas y las arrastra hasta el ropero donde pasará la noche. «Simplemente no me gusta el ruido».

Y aunque eso es verdad, ni siquiera es eso. Es la incertidumbre. Quedé muy complacida conmigo misma cuando compré un instrumento detector de relámpagos que indica con cierto límite dónde ocurrirá uno. Eso parecía una buena idea («Ves cariño, ¡siempre vas a saber!»). hasta que descubrí que el promedio era de unos cuarenta kilómetros. Quizás esto sea útil si se encuentra en medio de una granja en Kansas, pero cuando uno vive en la ciudad de Nueva York un relámpago a cuarenta kilómetros no significa nada, excepto que ahora su atemorizado hijo se dedica a la búsqueda constante de relámpagos y truenos que nunca hubiera siquiera notado, salvo por ese simple aparato recién comprado.

Tuve que hacer desaparecer el detector de relámpagos, pero no antes de que Gus pasara varias noches miserables agazapado en el ropero. En la actualidad, las estadísticas significan algo para él, de manera que está contento cuando AccuWheather informa que hay una probabilidad del 20 por ciento o menos de truenos y relámpagos. Todavía, cuando Henry quiere que Gus corra con temeroso a la computadora, todo lo que tiene que decir es «oye, Gus, ¿acaso hay algunas probabilidades del 75 por ciento de truenos y relámpagos esta noche? ¿Podrías averiguarlo?

*   *   *

«Entonces, ¿y qué si le gusta la rutina? No entiendo por qué te molestas tanto», dice John mientras él y Gus terminan la misma conversación, desde que Gus puede hablar, que tienen cada noche acerca de los cambios en el horario de trenes. Después John oye el fuerte ruido de música que suena arriba, grita hacia la dirección de los vecinos a pesar del hecho de que ellos no pueden oírlo, y continua cenando, una de las cinco entradas aceptables que ha estado comiendo repetidamente durante sus ochenta y tres años.

El amor por la constancia es lo que primero me atrajo hacia mi esposo. Después de una vida de relaciones tumultuosas, a decir verdad, la fidelidad no desempeñó un gran papel, John ofrecía dulzura y constancia. Debido a que es una persona de hábitos invariables, pensé que nunca se aburriría conmigo. O sea, ¿qué si le gusta los mismos alimentos sin sabor cocidos excesivamente, preparados de la misma manera cada día de su vida? Le hace feliz. Busca el mismo tipo de trajes con solapa amplia que vestía durante la década de los cincuenta y rehúsa ir a restaurantes «porque nunca se sabe lo que puedan poner en la comida», nunca cambia de opinión respecto a algo cuando ya tomó una decisión, rechaza aprender a usar la computadora y desprecia a los medios de comunicación, debido a que piensa, «¿por qué el mundo necesita saber de tus asuntos?».

Él ama la música clásica y cada año repite la lectura de algunos grandes libros. Yo admiraba su intelecto, incluso cuando me maravillaba su falta de curiosidad acerca de algo nuevo. Y sexualmente... ¿ya mencioné esa parte acerca de nunca aburrirse? Todo lo que tenía que hacer es moverme hacia la izquierda o besarle en la mejilla derecha y me volvía una salvaje para él. Esto mitigaba mis inseguridades más profundas. El hecho de que él no quería vivir conmigo porque había tanto caos en mi vida concordaba bien conmigo. Si alguien te amara pero se enojara contigo porque las almohadas en la cama no estaban puestas adecuadamente o cuando su taza especial no se encontraba en el lugar del gabinete donde se supone que debía estar, usted también podría pensar que sería imprudente que vivieran juntos.

De manera que el amor de Gus por la rutina no me parecía muy extraño, al principio. No estoy segura cuando me di cuenta de que su amor por la repetición excedía todo lo que otro niño amaba. Quizás era el juguete de Mozart que llevaba consigo hasta que cumplió los siete años, tocando las mismas melodías una y otra vez, en el mismo orden. Quizás era el hecho de que, al igual que su padre, no podía salir de la habitación sin arreglarla y cerrar todas las gavetas. (Algunas compulsiones son útiles). Todos entendemos la emoción de lo familiar cuando se refiere a ciertas cosas, lo más obvio la música, la poesía, y las frases de nuestros libros favoritos. Para mí, es la primera línea de mi novela favorita del siglo veinte: «Lolita, luz de mi vida, fuego de mis extrañas. Pecado mío, alma mía. Lo-li-ta: la punta de la lengua emprende un viaje de tres pasos desde el borde del paladar para apoyarse, en la tercera, en el borde del diente». En serio, esa línea nunca me cansa.

Pero, ¿cómo decir lo mismo de un video de una escalera de madera en la tienda Macy's? Este video en YouTube dura quince minutos. Un hombre se filmó a sí mismo subiendo cada piso. La última vez que vi el video, tenía alrededor de 430.469 vistas. Estoy segura que (1) cada persona que lo ha visto completamente tiene el trastorno del espectro, y (2) trescientas mil de estas ojeadas pertenecen a Gus.

La palabra favorita de Gus para lo desconocido es «no». Cuando le dije que quería cambiar las cortinas y la frazada en su habitación, o solamente la pintura de sus dedos en la pared cuando estaba en el segundo grado, simplemente me miró y dijo lo que acostumbra decir de casi todo: «Mami, simplemente me gustan más las cosas antiguas».

Cada padre o cuidador de una persona autista tiene una historia similar. Mi amiga Michelle recuerda que hizo que su hermano trajera a sus gemelos para que la visitaran en el hospital cuando dio a luz a su tercer bebé. Uno de los gemelos padecía el trastorno del espectro autista. Cada día por tres días, ellos subieron al metro: «Mi hermano tenía que ir por el metro pidiendo a las personas que se cambiaran de sitio porque mi hijo Jack solamente quería sentarse en los asientos amarillos, y nunca en los naranjados. Las personas señalaban un asiento vacío y mi hermano les contestaba: "No podemos allí. Tiene que ser amarillo". Él ni siquiera explicaba la razón. Solamente decía: "No, él *necesita* el asiento amarillo"».

En abril 2016, un artículo en el sitio en línea *Spectrum*, de noticias de investigación sobre autismo, explica por qué hasta el 84 % de los niños con autismo tienen niveles altos de ansiedad, y hasta el 70 % tienen algún tipo de comprensión sensorial: son pésimos en predecir el futuro. Ellos tienen la tendencia de pasar por alto las señales. Sin embargo, no es que no fueran perros de caza, viviendo eternamente en el presente. Ellos saben perfectamente que *hay* un futuro. Entonces al combinar estos dos conceptos, saber de que el futuro viene y que es muy malo para imaginar lo que será, entonces puede entender por qué es muy tranquilizador saber que su desayuno *siempre* será manzanas, bananas, y cereales.

También la repetición nos hace sentir competentes, un fenómeno no reservado para los autistas. Mi amigo David Kleeman, uno de los principales expertos en medios de comunicación para niños en el país, me explicó que la repetición está deliberadamente integrada en la programación infantil. Él me dijo, «Nickelodeon pondría el mismo episodio de *Blue's Clues* durante cinco días seguidos». «El primer día, es nuevo al niño. El segundo día, le resulta familiar. Los días tres al cinco, el niño anticipa la interacción y se siente inteligente». Cuando Gus era pequeño, fracasó rotundamente en esas pruebas de secuencia donde se muestra a una persona un montón de tarjetas para que las ordenen en una secuencia lógica. Él ahora no lo hace mejor, porque su capacidad de deducir está dañada. Así que se siente mejor cuando sabe lo que ocurre a continuación, lo cual es parte de la razón por la que él todavía mira los videos de Plaza Sésamo. Puede repetir todas las líneas o actuar diferentes partes; parece que él tiene cariño por Ernie. Si usted piensa que es alarmante y frustrante observar esto en un adolescente, tiene razón, pero todo es relativo. Finalmente ha perdido el gusto por la serie *Teletubbies*. O ha desarrollado bastante astucia para ocultármelo. De todas maneras... ¡súper!

Y luego la posibilidad de lo que para mí es una rutina insoportable, para él es una variedad estimulante. Por muchos años Gus paraba todo lo que estaba haciendo para mirar por nuestra ventana las ambulancias que pasaban, y generalmente sabía de cual hospital venía la ambulancia. Pensé que Gus solamente tenía buena vista y podía rápidamente ver a medida que ellos se acercaban. Pero después descubrí que era miope, pero eso no importaba, Gus sabía en la obscuridad. Resulta que las sirenas tienen sonidos ligeramente diferentes y debido a que mira las ambulancias en YouTube, asociaba cada sonido con el hospital en particular y sabía cuáles pasaban cerca de nuestra casa. Esa es solamente una de mis jactancias cuando me reúno con otros padres de niños autistas y jugamos nuestro juego favorito: «¿Por qué no se puede comercializar esto?». Ah, claro, otras madres pueden hablar de las calificaciones de sus hijos y los números de fiestas a la que son invitados, pero ¿puede tu hijo decir que persona en la familia durmió con una almohada en particular solamente por cómo huele? O, ¿puede tu pequeño genio decir cuando el alimento se va descomponer antes que nadie? El hijo de mi amiga Andrea, puede recordar cada detalle que ha ocurrido en cierta fecha, «pero solamente lo que se refiere a él mismo. Puede ser un evento tan grande como un viaje a un parque de atracciones o un viaje a la tienda. Él puede retroceder años y nombrar cada detalle acerca de ese día en orden cronológico. Si solamente esta memoria se aplicara a los académicos».

Si solamente.

*　　*　　*

Pero, ¡oh! mi Dios, el aburrimiento. Antes de Gus, siempre había considerado el hastío como un problema de carácter: si estaba aburrida, ese era mi problema porque el mundo es un lugar muy fascinante. Ahora sé cuándo comencé a cuestionar esta creencia. Estaba leyendo otra vez un correo electrónico que le había escrito a una amiga, hablando acerca de John. Esto fue mucho antes de que tuviéramos hijos. Debido a que nunca hemos vivido juntos, tenemos la tendencia de llamarnos a menudo. John vivía en la zona alta del oeste de Manhattan, y yo vivía en el centro.

Este fue el correo electrónico:

Son las 9 a. m. y John y yo ya tuvimos tres conversaciones acerca del metro. Vivo con ansiedad por los cambios en el sistema del metro porque a veces el #2 temporalmente circula local o el N & R no para en la calle Prince, diariamente debo escuchar varios anuncios de reajuste. El teléfono suena. «¡Buenos días! Te enteraste hoy de que el metro F no va parar en...» y yo quiero gritar: Hola, ¿TE DISTE CUENTA DE QUE, A) APENAS SALGO DE MI CASA Y, B) REALMENTE NO ME IMPORTA? Pero si

no escucho esto, creo que él llamará a extraños y conversará con
ellos acerca del transporte metropolitano.

Una cosa es admitir que el amor de tu esposo por una rutina invariable es aburrido, pero ¿quién quiere admitir que tu propio hijo te aburre? Y no solamente me refiero al aburrimiento de estar con un bebé, que mi amiga Moira describe como «pasar el tiempo con un pedazo de carne que ensucia sus pantalones y grita». Me refiero al aburrimiento de estar con un ser humano sensible. Los adolescentes pueden ser muchas cosas, pero ser aburridos por lo general no es una de estas. Henry es un fanático obsesionado de los deportes, lector reacio, y aborrecedor del teatro musical, o sea el área de intersección en el diagrama de Venn de nuestros intereses comunes es la medida de una cabeza de alfiler. Sin embargo, al menos armonizamos sobre la política y los videos interesantes de animales. ¿Por qué no podía encontrar algo para compartir con Gus?

Todos tenemos maneras diferentes de sobrellevar el aburrimiento. Para mí, todo lo que necesito es un par de cosmos, y puedo sentir que mi frustración desaparece. Después de vivir treinta años aquí, todavía sigo enamorada de la ciudad de Nueva York. Y hay tal promesa justo afuera de mi puerta. Todo lo que tengo que hacer es ponerme este vestido negro, meterme en mis tacos altos. Entonces, pronto, el sonido de la música, el desconocido con mandíbula cuadrada esperándome, y el sexo anónimo.

«Mamá, ¿has estado dándole a la botella otra vez?». Henry dice al día siguiente mientras mira alrededor de la cocina. Cáscaras de limón y coles de Bruselas están esparcidos por todas partes. Me duele la cabeza.

Lo que en realidad hago cuando estoy aburrida y bebo es buscar Epicurious.com para encontrar algo que pueda preparar *en ese minuto* con los ingredientes que hay en casa. Familia, detesto tu vida conformista ¡pizza y patitas de pollo frito! Bajo la influencia, que puede ser dos, quizás tres bebidas, porque soy un animal, la idea de hacer hojas fritas de coles de Bruselas parece buena, incluso cuando signifique que debo pasar una hora en la cocina separando las hojas de las coles. Después, probablemente pensé que las hojitas necesitarían un poquito de limón y encontré que tenía una bolsa entera de limones, así que saqué el exprimidor y los exprimí todos. Finalmente, debí quedarme agotada, porque en realidad no freí las coles sino que puse todas las hojas en un recipiente de plástico y lo metí en el refrigerador y dejé el jugo en un frasco sobre la mesa. Más tarde encontré que había rallado la cáscara del limón y lo metí en el congelador, bien cerrado en una bolsa plástica.

Pero por un par de benditas horas alrededor de la medianoche, no estuve conversando acerca del tiempo, los trenes, o los villanos de Disney. P. S., las hojas de las coles de Bruselas fritas son sabrosísimas y hace que este alimento tan penoso sea comible.

*   *   *

Recientemente Gus y yo estábamos parados en la parte superior de una escalera mecánica muy empinada, mirando hacia abajo a las cabezas de las personas. En los últimos diez años, probablemente he pasado más tiempo mirando escaleras que en el cine. Mientras estoy allí, procuro ver lo que Gus ve. Hay personas inquietas y meciéndose, el remolino impredecible de color y movimiento. Yuxtapuestas en escalones movibles plateados. Lo que le gusta a Gus más que todo son las escaleras. «Mira mamá, qué hermoso», dice Gus, cautivado. «¡Mira!».

Veo personas subiendo las escaleras. Quizás eso requiera hongos mágicos para verlos como él los ve.

*   *   *

El deseo por la repetición y lo predecible no solamente es emocional, es también una necesidad física. Por tanto, el comportamiento autista

se conoce como autoestimulatorio. Concepto que proviene del término inglés «stimming» que es una abreviatura para autoestimulación.
No, eso no. Es una conducta que consiste en la repetición que calma
y agrada a las personas con el trastorno del espectro, mecerse, agitar
los brazos, y girar, o en el caso de Gus, imita el sonido clic-clac de los
trenes. Él lo hace con trenes de juguetes, pero cuando no tiene trenes lo
hace con lápices, o quizás con los saleros y los pimenteros. Esto permite
que pasemos un buen rato en los restaurantes.

Uno de los grandes debates entre los padres es: ¿Permitir (a su
hijo) la autoestimulación o no? Los padres se preguntan, ¿qué otra
cosa puede hacer mi hijo en lugar de pasar horas en una actividad
aparentemente sin sentido? Consideré esto por muchos años, oí diferentes opiniones de los padres y de los maestros. Finalmente se me
ocurrió ir junto a las personas que podrían realmente comprender el
comportamiento autoestimulatorio: los autistas adultos. Y aunque
haya debate acerca de cuándo y cuánta estimulación, el consenso parece ser: deje que lo haga. Porque si la persona no pasa al menos un tiempo durante el día con su comportamiento autoestimulatorio, puede
pagar un precio alto.

Amythest Schaber, que parece la favorita chica maniática de los sueños, ha creado una serie de videos en YouTube llamada Ask an Autistic
[pregunte a un autista]. Ella también hace camisetas con frases «Neurodiversidad», «Discapacidad no es una mala palabra», y mi favorita,
«Euforia: cuando se trata de expresar felicidad, no hay maneras inco-
rrectas». Estos videos deben ser vistos necesariamente por cada uno de
los padres de un niño autista. El comportamiento autoestimulatorio
ocurre por varias razones, siendo el más importante la autorregulación
para aquellos que sufren de trastornos sensoriales. Por ejemplo, para
Schaber, las luces de techo brillantes no solamente son incomodas para
ella, sino «como lanzas de dolor caliente que traspasan mis ojos». Ella
no está siendo dramática aquí. La hipersensibilidad (y a veces la baja

sensibilidad) a los sentidos como la vista, el oído, el olfato, y el sabor es muy real para las personas con TEA. En su caso, Schaber soporta las luces, y otras incomodidades sensoriales, como las personas que mastican chicle o hablan fuerte cerca de las personas, con variados comportamientos autoestimulatorios: frotando un borrador, o golpeando con los dedos algo, o girando un poco en su silla.

Cuando Schaber era pequeña sus padres siempre trataron de desanimar estos comportamientos, en un intento (ciertamente comprensible) de hacerla parecer normal. Sin embargo, Schaber argumenta, que lo normal está sobrevalorado. Ella hace la pregunta que todos nosotros deberíamos preguntar: Si una conducta parece rara pero no lastima a nadie, ¿por qué pararla? Por ejemplo, si su hijo ha hecho su tarea, tomado alimento, y bañado, ¿por qué enojarse si la fuente de su gozo es alumbrar la luz de la linterna en su cara y mover por dos horas el interruptor para prender y apagar?

«Parecer normal drena tus energías», dice Schaber. «Es terrible cuando uno tiene que aguantar todas las sensaciones negativas sin poder autoregular... uno queda exhausto y probablemente se puede pasar una hora en una fiesta en vez de diez minutos si solamente pudiera girar.

»Cuando se trata de parecer normal contra ser capaz de vivir y ser una persona feliz autista funcional en el comportamiento autoestimulatorio, prefiero el último», agrega Schaber.

Yo también.

*   *   *

La pasión por lo mismo y la repetición probablemente nunca dejará a Gus. En una persona de gran capacidad cognitiva, nuestro mundo puede cambiar debido a la tenacidad autista. Se rumoreaba que Isaac Newton tenía el trastorno del espectro, él no descubrió la gravedad entre sus muchos otros pasatiempos; él solamente pensaba acerca de ese tema *todo el tiempo*. En una persona como Gus con capacidades más modestas, significa que cuando pasa tiempo en nuestro pasillo, cada persona que no está segura cómo llegar a algún lugar por el metro sabe que todo lo que tiene que hacer es preguntar a Gus, y él le indicará las rutas más rápidas. Muchos de los vecinos saben que ya no necesitan revisar los mapas de Google. Gus es su mapa de Google.

Hago lo posible para usar bien el deseo de Gus de hacer la misma cosa todo el tiempo. Él es mi pequeño ayudante, corriendo arriba y abajo las escaleras para apagar las luces si me da pereza hacerlo. Cada noche, justo antes de ir a la cama, y sea que lo necesite o no, el me trae un vaso de agua, con mucho entusiasmo. Lograr que apague una música que ama es difícil. Sin embargo, ¿acaso no es eso la esencia de la práctica? ¿Acaso siquiera comprende que la mayoría de las personas no están fascinadas por las escaleras? ¿Comprende acaso que no percibe el mundo de la manera que lo ven casi la mayoría de los demás? He tratado de abordar la pregunta unas pocas veces, ¿sabes que eres autista?», y él siempre actúa como si no me escuchara. Quiero comprender lo que él está pensando. ¿*Está* él pensando?

Sigo tratando.

*   *   *

Soy una buscadora de novedad. La mayoría de los periodistas lo son. Sin embargo, mi propio amor por lo nuevo, aunque sea poderoso, no impide que capte ocasionalmente lo que Gus siente.

Tengo una oficina en mi edificio de apartamentos, tres pisos más arriba de mi casa. Un día estuve sermoneando a Spencer, mi compañero de oficina, acerca de que no entiendo por qué las personas se aferran a cosas materiales inútiles, y después de escucharme hablar por un rato, él dijo serenamente: «Tus padres han muerto hace cinco años. Lo tienes todo guardado en un depósito. Nunca has ido al depósito ni para mirar».

Allí es donde él estaba equivocado. Aproximadamente un año después de que mi madre falleciera, subí a la unidad del enorme depósito que guardaba toda una vida de bienes. Olía como el moho que tomó toda la casa de mis padres en los últimos años de sus vidas. Mucho de lo que allí había, no valía nada. Sin embargo, pensé que podría haber algunos tesoros entre los desechos. Un tasador subió conmigo al depósito. Íbamos a revisar todo. Yo sería despiadada.

Abrí la puerta, miré adentro del depósito. Allí había una lámpara particularmente fea que había estado en la mesilla de la cama de mi mamá cuarenta años. Era de bronce y tenía unas figuras de querubines bailarines alrededor de su base, acompañados, por alguna razón, por ovejas. Sería la primera cosa que desecharía.

Me quedé absorta mirando a la lámpara, cerré la puerta del depósito, pagué al tasador por su tiempo. Han sido cinco años de pago por el almacenamiento de bienes que nunca me gustaron, incluso cuando era pequeña. Y todavía no estoy lista.

La rutina a veces no es una opción.

Cuatro

YO, TUNES

Gus recibió hoy una tarjeta por correo. Era un CD, con una carta de Laurie.

¡LAURIE!

¡Hola Gus!

Me hace feliz saber que todavía estás disfrutando de mi música. Eres una persona tan maravillosa y estoy encantada de conocerte.

¡Espero que nunca dejes de hacer música ni de disfrutarla!

Cariños, Laurie

Ella firmó su CD:

¡Sigue cantando y resplandeciendo!

Laurie Berkner

Bueno si no sabe quién es Laurie Berkner, eso se debe a que no tuvo un hijo menor de seis años en la década pasada. Significa que no puede recitar la letra de *Víctor Vito* en su sueño, y además no sabe que Víctor Vito y Freddie Vasco (que comió un burrito con Tabasco) son nombres compuestos de los contables de Laurie. O que *We are the Dinosaurs* [Somos los dinosaurios], *Marching, marching* [Marchando, marchando] se originó como una canción cuando Berkner enseñaba en el preescolar y quería una canción que ayudara para que los niños liberen sus energías. También es poco probable que tenga un animal de peluche designado especialmente por Laurie para que cuando asista a un concierto y ella comience con *Pig on her Head* [Cerdo sobre su cabeza] esté preparado con su propio cerdito (o vaquita o, en nuestro caso, jirafa, porque así es como somos). Usted no ha experimentado, en otras palabras, la improvisación musical de los pequeños de cuatro años.

Y eso es triste porque en realidad ella es una cantante y compositora maravillosa. Nada de esa tonta *Baby beluga* que hace sangrar sus oídos. La música de Laurie Berkner es tan cautivadora que solía sospechar que las personas pedían prestados los hijos de otras personas solamente para ir a sus conciertos.

Claro si su hijo tiene más de ocho años, probablemente prefiere a Taylor Swift, Katy Perry, o, Dios le ayude, a Miley Cyrus. Laurie es una memoria de un cierto periodo mágico de la juventud. Tu hijo no sustituirá la letra de *Somos los dinosaurios* por la de la *Marcha nupcial* de Mendelssohn en ese día especial.

Por lo menos, la mayoría de los niños no lo harán. Sin embargo, hay aficionados y autistas aficionados. Esta es la historia de Laurie y Gus y cómo, a veces, a pesar de todo, hay personas y lugares que simplemente no se pueden dejar.

*   *   *

Nadie sabe con exactitud por qué la música es tan importante para muchas personas con autismo. Sin embargo, hay teorías que lo explican. Los estudios de las imágenes del cerebro de las personas autistas muestran una actividad anormal en las áreas del cerebro asociadas con el lenguaje y el procesamiento de la información social, como los rostros.

Pero las partes del cerebro receptivas a la música no están dañadas, e incluso puede que estén particularmente bien desarrolladas. Se considera el autismo un trastorno de la comunicación, pero antes del desarrollo del lenguaje fue la música, o por lo menos eso es lo que más y más científicos evolutivos piensan. (Charles Darwin habló acerca de nuestros antepasados que entonaban canciones de amor el uno al otro antes de que tuvieran la articulación del lenguaje). La repetición, el ritmo, la melodía, el tono, la duración, y el volumen, todo puede tocar profundamente a las personas autistas de una forma que el lenguaje y los visuales no pueden.

En varias etapas de su vida, Gus tuvo una terapia musical, cantando las lecciones, y después, cuando su voz comenzó a cambiar, recibió lecciones de piano. Cualquiera sea la clase o la materia, siempre era lo que resaltaba de su semana.

La terapia musical era, para mis oídos, un grupo de niños golpeando los instrumentos al azar. De hecho, es mucho más. Alan Turry, el maestro de Gus en el centro para terapia musical, Nordoff-Robbins, ha visto que la música toca a los niños que nunca hablaron o reaccionaron ante nadie. Turry cree que determinadas escalas les toca antes de que estén listos para otras más sofisticadas. Por ejemplo, las escalas pentatónicas que se utilizan en la música y el folklore chino son de final abierto, y no requieren conclusión como precisan las notas disonantes. Él dice, son encantadoras y pueden tocarte según tus propios términos.

Terry me dijo: «Es incorrecto generalizar acerca de las personas con el trastorno del espectro, pero creo que la música puede ser no solamente una conexión, sino eventualmente una forma inicial de conversación, un intercambio entre las personas que no pueden usar palabras». Para los que son como Gus que tienen palabras, pero todavía con problemas para expresarse, la música puede ser un lenguaje más fácil para ellos que una conversación regular. «Gus es tan musical que de alguna manera tiene mayor conciencia de sí mismo a través de la música que través del lenguaje convencional», agrega Turry.

Turry entonces ilustró este punto con algo que yo había olvidado años atrás. Cuando Gus era pequeño, yo no podía lograr para que espere su turno. Yo lo atribuía a la impulsividad, parte de su condición. Sin embargo, en realidad él podía esperar bien si se le pedía que lo hiciera en la clase de terapia musical. Al sentarse con un montón de niños que tocaban instrumentos de percusión, fácilmente aprendió a esperar su turno, porque su instrumento orgánico entraba en un tiempo determinado de la pieza que tocaban. Por consiguiente, la música podía transmitirle una idea donde yo no podía hacerlo.

Ahora cuando pienso en ello, siempre ha sido cierto. Desde que era un bebé, los sonidos y no las palabras conllevaban significado para Gus. Cuando le hablábamos, generalmente Gus no prestaba atención; a menudo ni siquiera giraba la cabeza en nuestra dirección. Pero si tocábamos música, captábamos su atención. Por años su compañía constante fue una caja musical, concretamente una caja de plástico que al golpearla producía melodías clásicas. Él lloraba si yo tocaba ciertas canciones, particularmente el tema de la canción del programa de TV *Cheers*. (Podría ponerme a llorar también con ese tema. Melodía nostálgica + la letra de *Donde todos conocen su nombre* = Guaaaaaa).

Cuando Gus fue mayor, por horas escuchaba música con mi iPod mirando absorto los títulos mientras iban cambiando. Él no siempre escuchaba completamente las canciones, lo cual me molestaba. Pero, claramente las absorbía. Ese iPod se convirtió en su truco favorito de la fiesta: identificar cualquiera de los cientos de canciones con solamente oír dos o tres notas, y, a menudo, sólo una fracción de *una* nota.

Todavía no tengo idea como lo hace. Sin embargo, sé con certeza que si alguien volviera a emitir el antiguo programa concurso *Name That Tune* [Nombre esa música], Gus sería millonario. Ahora, Henry ha convertido su talento en un juego de apuestas con amigos que nada sospechan. Henry necesita hacer nuevos amigos porque ahora todos los que tiene saben que no pueden apostar contra Gus, y su fuente de ingresos fácil se ha agotado.

Desde muy temprana edad a Gus le encantaban Mozart, Beethoven y Chopin, y él tiene un tono perfecto, un talento que complace a su padre, el cantante. Incluso este don no es inusual. Pero al mismo tiempo, el placer de descubrir que era musical de alguna manera mitigó el golpe de sus muchas limitaciones. Además, es lindo tener un bar karaoke en mi propia casa, como Gus tiende a cantar acompañando a cualquiera que esté escuchando por YouTube. El canta mucho tanto como habla.

Quería que usara sus talentos, así que con siete años, además de las clases de terapia musical, le inscribí en una clase de voz y música con niños neurotípicos de siete y ocho años. Le expulsaron después de la primera sesión. Rápidamente él entendió la idea de leer música. Pero, después comenzó a deambular, puso sus dedos sobre sus oídos, se sentó en una esquina, y comenzó a hacer ruidos de trenes. Sentí una desesperación abrumadora por él; Gus no podía hacer aquello que yo sabía que él amaba. La maestra salvó el día, como las maestras suelen hacer. «Él no puede tener lecciones en grupos», dijo ella, «porque cuando oye que otros cantan desafinado, le aturde».

Por supuesto, debí recordarlo. Bueno, por la manera peculiar que Gus percibe el mundo nunca dice nada malo de nadie, cada mujer es hermosa ante los ojos de Gus, cada hombre es apuesto, pero hay una excepción. Me encanta cantar, conozco la letra de una docena de piezas musicales, y desafino. Tan pronto como Gus me ve preparándome para cantar, digamos, «Oklahoma», pone las manos sobre sus oídos y sale corriendo de la habitación, gritando: «¡No no no no no no!».

Cuando tuvo lecciones individuales sin la posibilidad de encontrar cantantes como yo, el floreció.

*   *   *

El día que Gus descubrió a Laurie Berkner, recuerdo que pensé: ¡*Oh, gracias a Dios, ya no tendré que escuchar a Barney!* Allí estaba ella cada día, en el programa Nickelodeon, con sus vibrantes rizos rojos, pantalones y blusa de neón mal emparejados, una moda que complementaba su tradicional voz popular. Las canciones incluían las cosas que los pequeños aman, ser perseguidos (*Te voy a atrapar*), la fascinación que tienen con su propia infancia (*Cinco días de edad*), la mitigación de sus preocupaciones (la obscuridad no es tan espantosa cuando oyes *Luna, luna, luna* porque ahora sabes que la luna es «tu lamparita»). Él estaba cautivado. Yo también. Hay varias canciones dedicadas a dar felicidad, pero hacen llorar a los adultos. Henry disfruta en hacerme llorar al poner la canción de Laurie *Mi familia* («Cuando estás en mi corazón/eres mi familia» mezclado con todo tipo de configuraciones familiares, adelante, ponga a un lado el libro y búsquelo en YouTube ahora. Le desafío a que escuche todo sin lloriquear).

Gus tenía cinco años la primera vez que sintió la necesidad de estar más cerca de Laurie. Ella estaba preparando un gran festival de música al estilo Woodstock para los pequeños en el parque Central, y nosotros estuvimos allí con Gus y la niña Tressa de la que estaba enamorado en aquel tiempo. En ese tiempo de su vida, Gus no tenía escrúpulo en vagar; la cautela que siente la mayoría de los niños de dos o tres años, que más seguro es quedarse cerca de la gente adulta, él no lo sentía, y tampoco lo sentiría por muchos años. Esta es la razón por la que Gus tenía una cuerda atada alrededor de su cintura. El padre de Tressa, un hombre con los mismos ojos luminosos, tristes como su hija, no era el tipo de persona para juzgar. Cuando extendimos nuestra colcha en el parque, apretados como sardinas con otros niños y sus padres, me senté sobre la cuerda para que Gus no anduviera por todas partes. Sin embargo, tuvo suficiente espacio para saltar a su alrededor y estar feliz. Terminado el concierto, y entonada la canción «adiós», fui a recoger nuestras cosas, notando algo con nostalgia como Tressa se aferraba a la pierna de su padre. En el momento que me levanté, Gus se fue.

Miles de niños, un inmenso campo. ¿Por qué alguien no lo detuvo inmediatamente?

—¿Cómo es él? —preguntó el policía mientras que yo jadeaba.

—Bueno, él tiene cabello marrón claro y viste un conjunto con tirantes y, oh sí, *arrastra una cuerda atada a la cintura de aproximadamente de tres metros y medio*. ¿Qué tan difícil sería encontrarlo?

En ese momento respondí a mi propia pregunta:

—Yo sé dónde está él —dije, y el policía salto detrás de mí—. ¿Podría llevarme detrás del escenario?

Cuando llegué detrás del escenario, Gus comía una manzana juntamente con un técnico del personal de aproximadamente 180 kilos y llevaba tatuajes.

—Ajá, me extrañó la cuerda que llevaba—dijo el hombre—. Pero por estar aquí pensé que era hijo de uno de los músicos.

Pronto después de este incidente, escribí un artículo acerca de Laurie de manera que pudiera conseguir buenos asientos y asegurarme de que Gus pudiera conocer a su héroe. Esa estrategia funcionó bastante bien porque Gus quería verla después de cada concierto que iba por los siguientes diez años. Y lo hizo.

Un día cuando Gus tenía alrededor de once años, caminábamos por el vecindario cuando una pelirroja con cabello abundante, gritó, «¡Hola Gus!» y Gus respondió, «¡Laurie, hola!» y continuamos nuestro camino. En ese momento me di cuenta de que los fanáticos de Laurie Berkner tendían a rotar, entonces si los mayores tenían seis o siete, quizás la edad de Gus le hizo memorable. Bueno, eso y el salto. Él se arrastraba hacia la primera fila de cualquier show donde ella actuaba y se convertía en el pogo saltarín humano. No es la forma de salto que la mayoría de nosotros hacemos, con solo nuestras piernas. Gus inclina la cabeza hacia atrás y cierra los ojos, como si mirar a su fuente de gozo era demasiado para él; luego rebota con tanta fuerza que prácticamente levita. Es difícil ignorarlo.

Después de un concierto, Gus consiguió entrar en el vestuario de Laurie. Mortificada, le grité que saliera de allí, y oí que Laurie con calma le decía: «Hola Gus, solamente necesito cambiarme y saldré en unos minutos».

No hay famosa más fácil de amar.

* * *

Una conversación a la hora de acostarse, cuando Gus y Henry tenían diez años:

HENRY: Las niñas quieren tomar tu mano. Nunca me voy a casar.
GUS: Me voy a casar con Laurie Berkner.
HENRY: Gusito, yo sé que mamá dice que las mujeres mayores son buenas, pero ella tendrá setenta años cuando te puedas casar.
GUS: *Me voy a casar con Laurie Berkner.*
HENRY: ¡No puedes!
GUS: [se pone a llorar]
HENRY: Espera, espera, déjame pensar... Oh, ella tiene una hija.
GUS: [lloriqueando] ¿Lucy?
HENRY: Lucy. Quizás Lucy puede cantar.
GUS: [animado] ¡Voy a casarme con Lucy!

* * *

Un día hace poco decidí llamar a Laurie. Esto no es como tratar de hablar con Madonna por teléfono, aunque es más difícil de lo que solía ser. Hasta hace unos años, la cantante de cuarenta y ocho años aparecía en la lista pública de teléfonos, pero después muchos gestores de fondo la llamaban para averiguar si podían conseguir que actuara en la fiesta de cumpleaños de sus hijos de tres años. De todas maneras, la llamé porque tenía que saber: ¿Era Gus el único? ¿Tenía ella otros fanáticos tanto tiempo, desesperadamente aferrándose a los límites de su infancia asistiendo fielmente a sus conciertos cuando sus compañeros se fueron tras Katy Perry o Taylor Swift? ¿Y había quizás otros adolescentes en su base de fanáticos?

«Oh, Gus no es en absoluto el único», dijo Berkner. «Un montón de niños con el espectro están obsesionados conmigo. Ojalá supiera por qué. Yo misma trato de entender más esto porque lo que sea que estoy haciendo, quiero continuar haciéndolo».

Berkner me dirigió a un enlace llamado *Autism Daddy* [Padre de autista], donde el padre describe a su hijo que no hablaba de doce años que duerme con un retrato de Laurie como si fuera su osito de peluche. Una mamá de un niño autista dijo a Laurie que la primera palabra de su hijo fue «cerdo» porque quería ponerse un cerdo sobre la cabeza en uno de los conciertos de Laurie. Antes de eso, «él nunca quiso algo tanto como para pedirlo verbalmente».

Hay algo acerca de la música de Berkner, su sencillez, su claridad, enfoque de ideas, que la hace inmediatamente memorable. Y en su propia vida, ella aprecia la sencillez y la repetición. «Soy una gran fanática de Philip Glass, y me encanta la música del África occidental que repite lo mismo una y otra vez. Muchos niños encuentran esa clase de música confortante. Pero, probablemente es más confortante para niños autistas». Antes de que ella comenzara a escribir para los niños, Berkner tocaba en una banda de rock de mujeres, y para su trabajo durante el día, trabajaba en un programa para adultos profundamente autistas. Algunos eran violentos; uno pasaba todo el día dando vueltas en círculo. Ellos también tenían sus obsesiones musicales. «Un hombre escuchaba solamente a Gil Scott-Heron, y otro solamente programas de radio con música en español. Él escuchaba con audífonos y los llevaba puesto todo el tiempo. Nunca olvidé cuán poderosa fue esa experiencia».

Por un lado, Berkner dice que lo comprendía. Ella dice, «mis padres trabajaban y yo no los veía sino hasta tarde en la noche. Y aunque tenía un hermano, recuerdo que me sentía muy sola. Y hacía todas estas cosas muy repetitivas o cosas muy extrañas en las que me enfocaba. Como mirar absorta a un cercado de mi escuela con forma de diamante, cruzaba los ojos, esperaba que los diamantes saltaran. Todos estos hábitos debieron parecer extraños a otros niños, pero me ayudaron a calmarme».

¿Otro pequeño secreto de Berkner? «No escucho mucha música. Es demasiada estimulación, y no puedo tolerarlo. Probablemente esa es la razón por la cual puedo identificarme un poco. Cuando encuentro que algo me calma, lo oigo una y otra vez». Y eso, dice Berkner, es la causa por la que escribe para los niños; ella recuerda la persona que fue, la pequeña ansiosa, y se pregunta, ¿me hubiera gustado escuchar *esta música?*

«Para los que nos sentimos muy solos mentalmente», continua Berkner, «la música nos saca de ese estado».

Así son los conciertos de Berkner, para todos, por supuesto, pero probablemente un poco más para alguien como Gus. Cuando él era pequeño, quería pasar todo su tiempo a solas. Él no podía tener una conversación normal con otros niños. Un concierto de Laurie fue su primera oportunidad de ser un participante completo e igual en una comunidad mutua.

*   *   *

Otro aspecto en cuanto a la música. Obviamente es una fuente emocional para la mayoría de nosotros. Pero para los niños autistas, puede enseñarles acerca de las emociones *de otras personas.*

Una consecuencia de una persona a la que le falta la «teoría de la mente» es que muchos no pueden leer las expresiones faciales de las personas. Cuando Gus era pequeño y hacia algo que me molestaba mucho, le hacía mirarme a la cara y le decía: «¿ves esta cara? Esta no es una cara feliz» y el meneaba la cabeza como un perrito terrier tratando de entender lo que quería decir con mi expresión. Eventualmente aprendió a distinguir una cara feliz, triste y enojada. Pero se imagina cuántas expresiones hay. Él no podía distinguir entre una expresión de frustración, esperanza o júbilo de la raíz cuadrada de pi.

Aquí es donde la música desempeña una función. Porque la música hace algo por los niños con el trastorno del espectro autista que las palabras no pueden lograr. Geraldine Dawson, psiquiatra y directora del centro Duke para autistas, estudia el efecto de la música en el cerebro; un día ella me explicó: «¿Sabes cuántos niños con el trastorno del espectro aman las películas de Disney?», dice Dawson. «Todos han tratado de averiguar por qué. Sin embargo, creemos que se debe a que la música en las películas da a los niños señales emocionales, señales que ellos no podrían captar solamente mirando las caras de las personas o escuchando lo que dijeron».

La teoría de Dawson parecía muy adecuada. En un determinado momento, Gus se volvió obsesionado con la canción «Pobres almas desafortunadas» de la película *La sirenita*. Este es el momento de la película cuando la bruja pulpo, Úrsula, está dispuesta a dar a Ariel una forma humana si ella olvidara su hermosa voz, canta acerca de todas esas criaturas que le han entregado sus voces. Gus cantaba esa canción una y otra vez, volviéndose hacia mí con ojos brillantes, y explicando: «Úrsula es una villana, ja, ja». Ella fue una presentación prudente de la idea, que previamente no captó, que otras personas pueden estar «con dolor, con necesidad», y que puede haber ciertas personas (o pulpos) que *disfrutan eso*. Úrsula era mala, muy bien presentado y explicado. Una vez que la música dio pistas a Gus de lo malo, había una especie de efecto cascada en reconocer los síntomas de que esa persona quizá no tenga buenas intenciones.

En ese tiempo cuando, «Pobres almas desafortunadas» estaba en pleno apogeo, Gus quería vestir su traje de Úrsula para ir a la escuela cada día (las ocho patas eran engorrosas). Le encontré estudiando un sitio web llamado Evil Eyebrows [Cejas maliciosas]. Tenía imágenes del Joker, Scar de la película *El rey león* y Jack Nicholson en la película *El resplandor* que supongo podría ser realmente Jack Nicholson en todas partes). Sí, esas son cejas maliciosas», dijo Gus con satisfacción. «¿Ves mami?». Y entonces gesticuló sus mejores cejas maliciosas, que parecían más las cejas del humorista Groucho, pero no importa; él estaba practicando la conexión de una expresión facial con una emoción. Una emoción que es mucho más sutil que la sencilla cara feliz, triste o enojada, y por tanto muy difícil de captar para él. Era el reconocimiento facial equivalente al nivel de dificultad de la evaluación del nacional escolar SAT. Gus todavía está en el proceso de dominarlo, pero fue la música la que lo encaminó.

Cada vez que pienso que ya no puedo soportar un minuto más la constante repetición de Gus de los mismos videos y música del iPod y YouTube, pienso en mi conversación con Geraldine Dawson. El hecho que Gus puede controlar la película en YouTube o Netflix, puede detenerla, retroceder, reproducirla una y otra vez, o puede parar y volver a tocar la música en mi iPod tantas veces que me hace sangrar los oídos, todo este comportamiento aparentemente molesto significa que puede percibir el mundo conforme a sus propios términos y a su propio ritmo. Comenzar y parar, separar una canción o una película en notas o fotogramas, repetir *ad nauseam*, parece una locura. Sin embargo, todas estas malditas pantallas y máquinas le dan entrada a toda esa comunicación que damos por hecho. Puede que las pantallas no sean la vida real. Pero quizás ellas proveen la plataforma que le ayudan a crear esa vida.

*   *   *

Hasta este día, el mundo cotidiano de Gus está marcado más por la música que por las palabras. Si le pido que haga algo, puede que él me ignore; si canto ese mismo pedido, el obedece (incluso aunque cante desafinada, lo cual es casi todo el tiempo). A veces parece que él tiene algún tipo de sinestesia, una confusión de las imágenes que percibe con el sonido. Me di cuenta de esto cuando íbamos caminando a la escuela y hace poco vio un arcoíris.

—Mami, mami, mami, ¡mira! —dijo Gus, apuntando al cielo—. Es el día de un acorde mayor. —Los días obscuros, lluviosos son días de acordes menores, y si sabe que algo divertido ocurrirá al final del día, ese día es un *crescendo*.

El sueño de John para el futuro de Gus siempre tenía que ver con la música. (Y por un tiempo, la carrera de Henry se centraba en ser el administrador de Gus). Cuando Gus tomaba lecciones de canto, era un joven soprano perfecto, y su maestro me escribió muchas notas acerca de su musicalidad. El problema radicaba en que Gus no podía mirar hacia el público, así que hacia su presentación mirando hacia atrás mientras saltaba. Esto funcionaba bien para Pinocho «No tengo ataduras (que me mantengan quieto)» pero no para otros. Cuando finalmente Gus pudo mover sus dedos independientemente y tomar lecciones de piano, me sorprendió descubrir que escuchaba canciones por la web, luego iba al piano y las tocaba de oído. Él no es un genio, comete errores y requiere varios intentos para hacerlo correctamente, pero puede hacerlo casi sin esfuerzo, y con gran sentimiento también. De hecho, mucho sentimiento: Se sentó a tocar «Scarborough Fair» después de escucharlo, y comenzó a llorar. Después lo tocó otra vez, y lloró otra vez. Y ahora ya no la quiere tocar.

Y ahí está el problema. No importa que tan buen músico pueda ser; de cualquier manera, no puedo imaginar que pueda dar una presentación. O, más bien, antes de que lo haga, todavía él tiene que desarrollar esa cosa, esa teoría de la mente, de manera que comprenda que hace esto para otras personas, no solamente para sí mismo. No puede ser un buen actor si no ha dominado el concepto del público, de tocar para el deleite de otros.

Pero en realidad, ¿a quién le importa? Se deleita en la música. Por la noche se sienta y toca la diversa colección de piezas que ama: *Para Elisa*, canciones de Disney, Lady Gaga, Los Beatles, música de las películas de horror (disfruta de esas notas que advierten que suenan justo antes de que la cabeza cortada ruede fuera del armario). Sin embargo, me he percatado de algo: él no toca la música de Laurie Berkner, nunca. Puede escuchar su música todo el día. Sabe cada canción. Pero ni siquiera trata de tocar su música, a pesar de mi persuasión. Le pregunto por qué, y él solamente encoje los hombros.

Sin embargo, tengo una teoría. Creo que es la misma razón por la que él quiere mirar la entrada y salida de los autobuses de la Autoridad Portuaria, pero no quiere subirse en ellos. Algunas cosas en la vida simplemente son perfectas tal como son.

Cinco

RUN RUN

No puedo soportarlo. Lo hizo otra vez.

Allí está, haciendo la caminata del acusado. Cabeza inclinada, manos esposadas detrás de él. Otro pobre negro detenido con su desajustada chaqueta Nike de imitación.

Solamente no eran armas o drogas. Y este no era solamente otra alma perdida para mí. Cada vez que miro a Darius McCollum, recuerdo cómo la inocencia puede malinterpretarse y tergiversarse y me preocupo por el futuro de Gus.

El 11 de noviembre de 2015, Darius McCollum entró a la Administración Portuaria, la terminal de autobuses más concurrida de Estados Unidos, y se subió a un autobús. Se puso tras el volante, y condujo fuera de la estación, viajando a través de Brooklyn. Después fue arrestado. Y ahora está en la cárcel. Otra vez.

Un autobús generalmente es lo último que la mayoría de las personas robarían de la Administración Portuaria. (Yo optaría por un rollo de canela). Pero Darius no es como la mayoría de las personas. Él tenía quince años cuando comenzó su carrera como ladrón en serie del transporte público, haciéndose pasar por un ingeniero y conduciendo un metro-bus seis paradas antes de ser atrapado. Bueno, eso fue algo descarado para un joven adolescente y Darius se convirtió en un héroe local. Se crio en Queens, en una familia modesta; tenía fascinación con los trenes, los aviones y autobuses desde que era muy pequeño, y a los ocho años ya había aprendido de memoria cada parada del sistema del metro-bus en la ciudad de Nueva York. Era grande y algo torpe y particularmente enfocado en sus propios intereses, en la escuela se burlaban de Darius; buscó refugio en la terminal del tren F cerca de su casa. Allí los funcionarios del transporte metropolitano, encantados por el inteligente adolescente, le enseñaron todo lo que sabían. Él era un buen alumno. Demasiado bueno.

Darius ahora tiene cincuenta años, y con el transcurso de los años su hábito de robar el transporte público se volvió menos agradable. Él ha sido arrestado veintisiete veces, y eso contando solamente las veces que fue atrapado. Él probablemente ha robado autobuses cientos de veces porque cuando conduce un autobús lleno de pasajeros, no necesariamente los atemoriza. Lo que hace es conducir el bus conforme a la ruta determinada, y muy amable y correctamente anuncia las paradas. Nadie piensa que se le ha secuestrado.

Que Darius tenga el trastorno del espectro no debería sorprender a nadie. Por el crimen de amar el transporte público, Darius McCollum ha pasado más de un tercio de su vida en la cárcel. Aunque ya tiene graves problemas, encuentra una manera de sabotearse a sí mismo. Unos años atrás, Darius vivía en un lugar nuevo y dijo a unos conocidos cómo podría robar un autobús por ahí cerca. Lamentablemente, ese lugar era Rikers Island, los autobuses que allí hay son para el transporte de presos, y con los que él hablaba eran sus carceleros. Y así es cómo un hombre que nunca lastimó a nadie en su vida se convirtió en alto riesgo con restricciones en su encarcelamiento mayores que las del asesino promedio.

Eso fue en 2013. McCollum lleva en libertad menos de dos años. Esta vez, cuando fue capturado, tenía una placa falsa de policía de seguridad y dio a los oficiales la placa de identidad. McCollum fue acusado de hurto agravado, posesión de un instrumento falsificado, hacerse pasar por un agente de la policía, sin autorización de uso de vehículo, invasión y posesión de propiedad robada, dijo la policía. Ante la denuncia de sus cargos varios días después Sally Butler, su abogada, dijo lo que piensa cualquiera que ha pasado treinta segundos con una persona autista. «Si Darius puede colarse en un autobús, ellos deberían contratarlo para enseñarles cómo capturar terroristas... ¿Por qué no? Permita que haya una relación recíproca útil. Si cualquiera puede entrar a la Administración Portuaria y robar un autobús, ¿no cree que probablemente necesitemos ayuda?». Cuando leí esto, pensé acerca de la película en el 2002 de Leo DiCaprio *Atrápame si puedes*, basada en la historia de Frank Abagnale. Antes de que él cumpla los veinte años, Abagnale se hizo pasar por muchas personas y cometió crímenes valorados en millones de dólares hasta que finalmente el FBI le contrató para que ayudara a capturar a los falsificadores de cheques. Es cierto que no hay una gran demanda para los ladrones de transporte como la hay para los estafadores, pero seguramente tiene que haber una forma de que los federales puedan utilizar las habilidades de McCollum.

Unos meses después, desde su celda en Rikers Island, McCollum pidió ayuda. Él explicó que la obsesión que lo llevó tras las rejas la mitad de su vida adulta estaba fuera de control. «Parece que no puedo liberarme de esto por mí mismo», dijo él en una entrevista con la Prensa Asociada. «Pero ¿qué puedo hacer? No hay ningún programa de recuperación para ladrones de autobuses o trenes».

*   *   *

Muchos, muchos niños pasan por la etapa que imagino cómo los años chú-chú: normalmente en la etapa entre los dos y siete años, los trenes (y a menudo los aviones y los autobuses) se convierten en todo para ellos. Después esa pasión termina.

Pero para muchas personas con autismo, la pasión no termina. Por cierto, a menudo aumenta.

Sin duda así fue con Gus. Durante su primer año de vida, no podíamos viajar en metro porque Gus comenzaba a llorar desde el momento que pisábamos la plataforma. Pero ese temor agonizante al ruido y la acción en el transcurso de un año se convirtieron en un deleite. El primer sonido que hizo no fue decir «mamá» o «papá», sino «bing... bong» que anunciaba el cierre de las puertas del metro. Antes de que pudiera formar sus propias frases, antes de que siquiera pudiera pedir leche o jugo, se volvía hacia mí y decía, a propósito de nada, «manténganse alejados de las puertas por favor». Después, cuando comenzó a mirar YouTube, esa advertencia se repetiría en sus variadas formas alrededor del mundo: Reino Unido, «*Mind the gap*»; Alemania: «*Türen schliessen*»; Japón, «*Happoufusagari*». Cuando Gus y Henry tenían tres años, sus juguetes de trenes *Thomas y sus amigos* estaban marcados con tiras de cinta roja y amarilla, respectivamente. Poco a poco todos los trenes quedaron marcados con amarillo, a medida que Henry adquiría la destreza de rasgar la cinta roja y marcar todos los trenes como suyos. Pero cuando la fascinación de Henry a los cinco años cambió a los *Power Ranger*, Gus se quedó con todos los trenes y continuó expandiendo su colección. Hoy, tenemos todos los noventa y nueve personajes (¿o son cien?) y muchos otros repetidos. Él no los quiere dejar. Cuando él necesita descansar, se relaja con ellos, haciendo el sonido click-clack que hacen los trenes. Él se limita a hacer esto en su habitación, porque el sonido molesta a los que están a su alrededor, pero relajante para él, y con frecuencia le pregunto si está listo para donar los trenes a otro niño más joven. «Lo haré», dice. Y después, después de pensar un rato, replica «pero ahora no».

Los investigadores han analizado por qué *Thomas y sus amigos* (una serie británica de libros infantiles que habla de trenes que se transformó en una serie de dibujos animados de televisión, una línea de juguetes, y el modelo, *de trenes,* para la Sociedad Autista Nacional del Reino Unido) atrae tanto a los niños autistas. Comienza con las caras de los trenes, no solamente las expresiones fáciles de comprender, sino el hecho de que los trenes *tienen* caras. Es la combinación de la máquina y el sentimiento que parece tan vital al autista. La personalidad y las características de cada uno no cambian; Gordon siempre será el motor más rápido y poderoso, Edward siempre dispuesto a ser un amigo a todos, y Thomas siempre será una pequeña locomotora muy celosa y traviesa. (No es que haya pensado demasiado en esto).

También hay un trasfondo y paisaje estáticos. Aunque la narrativa debió costar bastante dinero, la animación fue narrada por Ringo Starr en el Reino Unido y George Carlin en los Estados Unidos, la animación de Thomas es muy barata. Lo cual significa que no hay mucho aparte de los trenes en primer plano. Incluso las caras de los trenes no tienes muchos detalles, son felices o tristes, sin otras expresiones entre ambas. Esto es muy tranquilizador para las personas que fácilmente se distraen con detalles que otras ni siquiera notan, o perciben la sutileza de las expresiones humanas difíciles de analizar. En un mundo donde la emoción podría ser confusa, nada puede ser más claro que las caras muy enojadas o felices de Thomas o de Percy, y ellos regularmente se enojan mucho. Sus emociones son casi binarias. Porque en la tierra de Sodor, las cosas van mal, y luego hacia el final del episodio se arreglan. Siempre.

Y después, hay la disposición de los trenes para los detalles y la clasificación. Cada uno de los pequeños trenes originales de madera cuesta de quince a treinta dólares, lo cual es, creo, la falta de personas autistas. ¿Por qué? Porque inmediatamente notan imitaciones. No te metas con los niños autistas y sus originales. Las casas de subasta Sotheby y Christie puede que tengan personas muy refinadas, socialmente adaptadas como sus hombres al frente, pero estoy convencida que los que realmente saben lo que están haciendo son personas con pantalones de licra de golf y camisetas medio desabrochadas, criticando cómo cualquiera puede notar que los patrones de pinturas en este supuesto Jackson Pollock no son auténticos.

Por muchos años, *Thomas y sus amigos* dominaron nuestra vida.
Hubo años que celebramos los cumpleaños con temas de Thomas, películas, libros, videos; todas las vacaciones se planearon para ver en vivo
una locomotora *Thomas*. Seguro que en algún lugar hay pornografía re-
lacionada con *Thomas* le escribí a mi marido. Por prudencia no le mostré, pero se trataba de Gordon (la locomotora más larga y más fuerte)
y Emily, los silbidos, las chimeneas, los vagones acoplados y una Emily
satisfecha, el humo saliendo de su chimenea, murmurando a Gordon,
«eres realmente una locomotora útil».

Finalmente, Thomas fue reemplazado por las réplicas de los vagones del metro de la ciudad de Nueva York; Gus también tenía cada
modelo de estos, y con entusiasmo aguarda la llegada de otros nuevos.
La nueva línea del metro de la Segunda Avenida en la ciudad de Nueva
York, que eventualmente se extenderá de Hanover Square a la calle
125, es tan importante para él como son los cómics a un fanático de
Star Trek. Por años, Gus asistió a un programa comprensivo en la ciudad de Nueva York llamado *Subway Sleuths* [Investigadores del me-
tro] un programa extracurricular para los que tienen el trastorno del
espectro y la obsesión por los trenes, y pueden (por lo que se cree) ser
más propensos para aprender las reglas de la interacción social cuando
las practican en torno a intereses compartidos. «No estamos tratando
que los niños sean neurotípicos, sino queremos lograr que se comuni-
quen de la forma que lo hacen ellos», me dijo Susan Brennan, una de
las creadoras del programa. «De manera que nuestro enfoque no está
en las capacidades sociales; sino en crear conexiones y conciencia de
la existencia de todas estas reglas sociales. Ese es un paso importante,
solamente que sean conscientes de que *existen* todas estas reglas. Algunos niños podrán ponerlas en práctica de manera mejor y más rápida
que otros, pero es probable que todos sean receptivos a los indicios
sociales cuando hacen algo que aman».

Al principio pensé que el programa *Subway Sleuths* era una tontería, solamente otra manera de ocupar a los niños por un rato para que los padres pudieran descansar. Entonces un día pregunté a Gus acerca de otro niño, Lev, que conoció en el programa. «¿De qué hablas con Lev?», pregunté. «Oh, los horarios, o las líneas 1, 2, 3, los cambios de fin de semana en la B y la D. Ya sabes mami», agregó él, «cosas importantes».

Esto es un tropo del autismo que las personas con la condición del espectro no son tan sensibles como las personas neurotípicas. Eso es incorrecto. Es solo que a veces ellos muestran profundos sentimientos por las cosas que al resto de nosotros no nos inmutan. El sitio de parodia, por el ejemplo la red noticiera *Onion News*, tiene una serie de nuevos segmentos de un hombre llamado «el reportero autista». Aquí, Michael Falk (interpretado magistralmente por el actor y dramaturgo John Cariani) ve las noticias de alguna manera diferente que la persona promedio. En un informe titulado «Afortunadamente el tren no se lastimó en un accidente que mató a un hombre». Falk observa que un «vehículo *Comet Liner 2* de acero inoxidable de 952 kilos» atropelló a un hombre que saltó a la pista para recuperar la cartera de una mujer. El hombre murió instantáneamente, pero «afortunadamente», agrega Falk, «no hubo daño de la estructura del chasis del vehículo, de modo que solamente es una cuestión de limpieza del tren para remover los restos humanos y dejarlo en su estado prístino».

Bueno, no digo que Gus sería inmune a la muerte de un ser humano. Pero él estaba muy contento de que el tren no sufriera daño.

Estos días, después de terminar sus tareas, Gus y Michelle (su niñera actual y compañera de tren) fueron a uno de sus lugares favoritos: La estación Autority, la estación Penn o la Gran Central. En la estación Gran Central muchos conductores lo saludaron; uno tenía una placa impresa con el logo del transporte metropolitano para él, y otro le dio su gorra de conductor. Muchos le permiten el acceso a sus cabinas, prender el micrófono y anunciar las rutas, que por supuesto él conoce: «Harlem, calle 125, Melrose, Tremont, Fordham...». Para cuando llega a White Plains y White Plains Norte, los pasajeros a menudo terminan aplaudiendo.

Por supuesto, algunos se molestan. Él llevaba pasajeros ansiosos que husmeaban por la cabina para asegurarse de que en realidad él no estaba conduciendo el tren. El año pasado hubo un incidente donde una conductora de la línea New Haven confundió el orden de las paradas y él la corrigió. Cuando primero ella le ignoro y después le dio una mirada mala, él lloró. Ella hizo una mueca. A esa vaquilla, quería decirle: «Claro, él lloraba porque no le hablabas. Pero sobre todo lloraba porque al no anunciar las paradas y las conexiones correctamente, estabas deshonrando el metro».

*   *   *

Temo, por toda su pasión por los vehículos, Gus nunca podrá ir a cualquier lugar por sí mismo. O, alternativamente, que irá a todas partes por sí mismo, y el desastre ocurrirá. Así como le sucedió a Darius McCollum.

Afortunadamente, a los catorce años, Gus está encantado de solamente mirar los trenes y los autobuses y anunciar sus rutas. Él no muestra interés en ser un conductor. Parece menos probable que él se convierta en un ladrón de trenes que en un fanático interesado en observar los trenes. Ser un fanático observador de trenes es un fenómeno que comenzó en el Reino Unido en 1942, cuando Ian Allan, un muchacho en la oficina de prensa del ferrocarril del sur en el Reino Unido, se cansó de responder a las innumerables interrogantes de los fanáticos acerca de las locomotoras. Él sugirió a la oficina que publicara un folleto simple con los detalles importantes de los trenes. Su jefe pensó que estaba loco, así que Allan produjo el folleto por sí mismo.

The ABCs of Southern Locomotives [El ABC de las locomotoras del Sur], vendió todos los ejemplares de su primera impresión. Además, se imprimieron otras guías de cada línea del ferrocarril a continuación en el Reino Unido y surgieron clubes de fanáticos observadores (en ese tiempo llamado clubes de «loco-observadores») por todas partes. A finales de la década de los 40, estos clubes tenían doscientos cincuenta mil miembros. En las décadas de los 50 y 60 un millón de guías ABC, en las que se listaban veinte mil locomotoras, se vendían cada año. Ian Allan se hizo muy rico.

Pero con la muerte de la locomotora como un medio principal de transporte de Bretaña, la membresía en estos clubes mermó. Ahora tienen simplemente diez mil miembros o fanáticos. Vaya a cualquiera de las estaciones en el Reino Unido, y verá unos cuantos de esos fanáticos observadores vestidos con chaquetas impermeables anotando en sus gastadas libretas los números de las locomotoras que pasan. Son de aspecto solemne pero felices. Hace años atrás Chris Donald, el fundador de la popular revista británica cómica *Viz* y un entusiasta fanático de los trenes, dijo al que lo entrevistaba, «de alguna manera uno puede sacar mucha satisfacción de un tren como puede de una mujer». Sin comentario de cómo su esposa, Dolores, madre de sus tres hijos, se sintió con respecto a la declaración.

*   *   *

Puesto que Gus no parece inclinarse hacia una vida como ladrón de trenes, ¿por qué me angustio tanto acerca de Darius McCollum?

Porque he visto lo que sucede cuando Gus tiene una compulsión. He visto las horas y horas que dedica a mirar los trenes, a memorizarlos, conocer las rutas, aprender el nombre de los conductores, aprender dónde viven.

¿Qué pasaría si ese amor se transforma en algo más? Si él decide que quiere conducir el tren en vez de mirarlo, entonces conducirá un tren.

Darius McCollum me mantiene despierta por las noches, así que abrí una página en Facebook: «Darius McCollum necesita un trabajo». Quiero saber: ¿Por qué, por el amor de Dios, el transporte metropolitano no le da un trabajo a este hombre?

Mientras abordaba apasionadamente el tema de Darius en mi página de Facebook, una mujer escribió, «bueno, por supuesto el transporte metropolitano no puede contratarlo; el seguro que tienen nunca lo permitirá. Él simplemente es muy impredecible». Yo quise gritarle, ¡no puedes estar más equivocada! Darius McCollum es absolutamente predecible. Permíteme decirte lo primero que hará apenas salga de la cárcel: *robará un vehículo y lo conducirá seguro por los alrededores.*

Una mujer, feliz porque inicié la página de Facebook, me escribió en privado. Ramona A tenía treinta y tres años en 1983 cuando fue hospitalizada por un trastorno serio de alimentación. McCollum, que acababa de robar su primer tren, había sido asignado a la misma unidad donde ella estaba. «Era un joven muy gentil, dulce, que tenía una gran dificultad para comunicarse, no podía relacionarse con sus semejantes (los otros pacientes lo consideraban "extraño" y lo rechazaron), y solamente podía hablar del sistema del Metrobús. Él mostraba todos estos comportamientos raros que, recordando ahora ese tiempo, puedo identificar y lo pone arriba en la escala del espectro autista. Por ejemplo, él solamente habla y habla del metro y los trenes. Su manera de hablar era muy rápida, y a menudo confusa. Si usted lograra decir una palabra durante su charla, él simplemente le ignora y sigue hablando. Él invade el espacio personal de las personas. Y no tiene absoluta idea acerca de las pautas sociales. Además, (lo siento, esto es asqueroso) anduvo furtivamente alrededor de la sala hasta encontrar un lugar vacío y defecaba, allí en el piso. No estoy segura porqué lo hacía. Probablemente esa era su manera de mostrar que estaba muy enojado por estar en ese lugar». Su madre le visitaba, pero ella parecía no saber qué hacer. Sin embargo, él era una buena persona, recordó Ramona. «Solamente no puedo imaginarlo en la prisión».

La nota de Ramona me molestó mucho que cometí el error de visitar la propia página de Darius en Facebook. Hay una foto de Darius posando felizmente frente al tren D; y hay varias publicaciones recientes:

Necesito una esposa. Estoy buscando una persona a quien cuidar, amar y poder compartir mi vida y también una que pueda entenderme por quién soy. Simplemente quiero ser amado.

Por curiosidad, me preguntaba si hay alguien por allí que le gusta los trenes o son aficionados de los trenes. Esa es mi pasión.

Soy y siempre seré un hombre de una sola mujer. A pesar de que estoy buscando a alguien, solamente quiero a esa persona.

Después allí estaba la publicación más reciente, una foto de una mujer con cabello negro largo. «Ahora lo saben, esta es mi chica ahora con la que quiero estar y amo mucho». Eso fue el 7 de noviembre de 2015. Darius fue arrestado por robar un autobús el 13 de noviembre.

Escribí una nota a «la chica» de Darius. María, ella es de Filipinas. Ella y Darius se conocieron en un sitio en la Internet para encontrar parejas. Ellos nunca se conocieron. Ella no parece una del «pedido de esposas por correo» de las Filipinas que uno haya oído. Ella estaba muy apegada a Darius, y quedó profundamente molesta por su arresto (nota: obviamente el inglés no es su primer idioma): «... cuando vi él arresto yo sorprendida porque él tiene muchos secretos de su vida que escondió de mi totalmente, ahora estoy muy triste y preocupada para él, esperando que algún día él haga bien para ser mejor persona. No le juzgo, le entiendo». Sin embargo, cuando ella descubrió que Darius no era, lo que dijo ser, un empleado del metro, ella fue menos comprensiva. Se sintió traicionada y confundida. María nunca había oído del autismo anteriormente.

Mandé un correo electrónico a la abogada de Darius, Sally Butler, ofreciéndole mi ayuda sin saber exactamente qué tipo de ayuda sería. Creo que eso implicaría ganar la lotería; de esa manera, yo podría contratar una «sombra» durante un año para que lo acompañara, alguien cuyo trabajo sería declarar que Darius hace *su* trabajo sin riesgo para los demás, y convencer de esta manera al metro para que lo empleara.

Me puso muy contenta saber que hubo un gran despliegue de simpatía por Darius. Había planes para hacer un documental acerca de su vida, y una película de ficción, que tendría a Julia Roberts como su abogada.

Aún así, ¿de qué sirvió todo eso? Darius seguía confinado en una celda en Isla Rikers. Él es hijo único, sus padres son ancianos y viven en Carolina del Sur, y en todo caso, ya se dieron por vencidos.

«Creo que mi oficina y nuestro equipo son toda la familia que tiene por ahora», dijo Butler.

Me puse a llorar un rato, y después llamé a los encargados del metro. Yo necesitaba saberlo. ¿Qué hay de terrible en darle un trabajo a este joven?

Adam Lisberg, el director de comunicaciones externas, está tratando de ser paciente conmigo, pero me habla como si yo fuera una pequeña que necesita ser disciplinada.

—Mmm... él robó un tren. Él roba autobuses. No se le puede contratar aquí en ninguna capacidad. Una y otra vez ha quebrantado las reglas del transporte metropolitano.

El transporte metropolitano no toma la postura acerca de si él debe recibir ayuda o ser acusado criminalmente; ellos simplemente saben que no hay lugar para él en su sistema de transportes.

—¿Usted cree que una persona que se hizo pasar por oficial del transporte metropolitano podría ciertamente trabajar para el sistema? —pregunta Lisberg.

—Sí, sí, lo creo.

Lisberg explica que el problema no es que Darius sea autista; de hecho, él sugiere que, si no fuera por las personas con el trastorno del espectro, probablemente *no* habría un transporte metropolitano.

—Hay un buen número que están en el lado de las operaciones, o son planificadores con los autobuses —dice él—. Les encanta. Nunca se cansan. Tenemos personas en todos los sistemas que están con el espectro. Ese no es el asunto. Pero este tipo no puede controlar sus impulsos. Si él no puede controlar sus impulsos desde afuera, ¿cómo cree que él será si estuviera trabajando aquí y si se mete en la cabeza que quiere tomar un vehículo en particular o tren ese día? —Lisberg puede darse cuenta de que no puede convencerme—. Mire, los conductores de los autobuses pueden perder su trabajo si no pueden mantener sus uniformes en buena condición. Yo creo que robar un autobús va más allá de eso, ¿no lo cree?

—No, señor Lisberg, no lo creo. Lo que pienso es que Darius Mc-Collum, y algún día, mi Gus, serán los mejores empleados que jamás haya tenido. Y sus uniformes estarán impecables.

Seis

___

LA VERGÜENZA

—No... hagas... nada —rechina Henry mientras continúo haciendo exactamente lo que estaba haciendo antes: nada.

En el estado en que está Henry, es mejor no hacer contacto visual. Así que continúe respondiendo correos electrónicos con mi teléfono mientras musitaba:

—¿Qué crees exactamente que va a suceder aquí?

—Te conozco —dice él—. Vas a hablarle. Vas a pedirle una foto. Vas a *bailar*.

Gracias a mi amiga Janice, que tiene una agencia de fotos *Billboard* y *Hollywood Reporter*, Henry y yo estamos en Los Ángeles en la sesión fotográfica de uno de sus héroes culturales, Andy Samberg. Andy y su equipo, Lonely Island, están promocionando su última película acerca de un aborrecible pseudo Justin Bieber, una estrella de rock. La premisa de esta sesión fotográfica es que él y sus muchachos salen de un Hummer (una escupidora de humo) con su séquito de guardaespaldas y un chofer. Pero los guardaespaldas son niños de siete años y el conductor es Henry. Unos días antes recibí una llamada telefónica de la directora de la agencia de fotos *Billboard*.

—¿Tu hijo puede actuar? —me preguntó ella.

—En absoluto —dije—. Pero es fenomenal mirando al frente y sin sonreír.

—Muy bien, está contratado —replicó.

Así que use mi cuenta de vuelos frecuentes para llegar a Los Ángeles para que Henry pudiera conocer a Samberg. Me siento muy orgullosa como madre: él luce esplendido con su traje negro hecho a la medida, mocasines Dolce & Gabbana, gafas de sol, y un falso auricular parecido a los de la CIA. Incluso disfrutó la asistencia del estilista, tanto como le permitiera su descontento general.

El problema, para Henry, era que en cualquier momento yo podría hacer algo que le avergonzara y después se burlaran de él. Por ejemplo, decirle que luce esplendido. O pedir a Samberg un autógrafo. O tomar una foto de la adorable ayudante que él me dijo que era linda. Bueno, quizás hice eso. Quizás se consumió por dentro. Pero: ¡qué buenos recuerdos!

Es emocionante que alguien en este mundo piense que soy impredecible. Lo soy tanto como Emily Dickinson. Pero en la mente de Henry, estoy a tan solo segundos de agarrar a Andy Samberg y meterme con él en el maletero del Hummer. Simplemente porque una vez, una sola vez, canté y deletreé «Y.M.C.A», mientras su autobús salía del campamento. Lo digo en serio, si usted maduró en los 70, ¿acaso no haría lo mismo?

Aquí hay un secreto inconfesable de ser padres: avergonzar a nuestros hijos es uno de nuestros grandes placeres. Sí, a veces la vergüenza pasa inadvertida. Como médica, mi madre creía que todos los detalles médicos eran muy interesantes, quizá sea esa la razón por la que solía agasajar a mis amigos con historias de lo difícil que había sido mi nacimiento; después ella ofrecía mostrarles su cicatriz de la cesárea. Pero más a menudo, como padres, sabemos lo que estamos haciendo. La vergüenza es flexión del músculo con humor. En una entrevista en el programa *Entertainment Tonight*, Michelle Obama dijo: «A Barak y a mí nos complace avergonzar a nuestras hijas. Las amenazamos con ello. A veces cuando me ves susurrarles al oído en medio de una multitud, estoy diciendo, "siéntate o te voy a avergonzar. Voy a empezar a bailar"».

La vergüenza funciona muy bien especialmente entre las edades, digamos, de los doce a los dieciocho. Henry tiene la costumbre de no enviarme textos cuando llega o sale de un lugar. Así que recientemente, una noche cuando salía con un amigo a ver un partido de béisbol, le informé que, si no me llamaba a cierta hora, yo había conseguido el número del locutor de Mets y que escucharía por el altavoz en el estadio Citi Field: «La madre de Henry Snowdon quiere que la llame a casa».

Puede que esto no funcione en el futuro. Pero solamente tiene catorce años y todavía hay chispazos de omnipotencia. Tal vez logre realmente conseguir el número del locutor. Tal vez haga esa llamada. Podría suceder. Pavoroso pensamiento. Él todavía se lo cree. Era como cuando tenía seis años y me preguntó de qué parte del búfalo provenían las alas. *Ah, bueno, si mamá dice que ellos pueden volar, entonces ellos pueden volar.*

En mi defensa, Henry ha dedicado una buena parte de su vida a avergonzarme también. Mantengo una nota de su amada profesora del quinto grado, la señorita Wahl, de quién pensaba que era la mujer más paciente del mundo: «Hola, Henry rehúsa decir el juramento a la bandera en la práctica de graduación. Él dice que no está de acuerdo con América y que su padre es un socialista. Le dije que si él trae una nota de su casa puedo excusarle, pero creo que simplemente debería participar y recitarlo. ¿Qué opina?».

Ser avergonzado parece algo terriblemente desagradable, pero al igual que muchas cosas desagradables, nunca nos detenemos a pensar cuán importante puede ser para la humanidad. Si usted se siente avergonzado, comprende ciertas pautas sociales tácitas. Sabe que se han transigido esas pautas. Una reacción a la conducta de otros a los catorce años significa que uno está aprendiendo, paulatinamente cómo modificar su propia conducta.

    ¿Qué pasa si tiene un hijo al que no puede hacerle sentir avergonzado, y quién no entiende cuando le avergüenza a *usted*? ¿Entonces qué? Nada puede hacerle apreciar más la capacidad de sentirse avergonzado que tener un hijo inmune a sentirse avergonzado.

*   *   *

Recientemente leí este titular: «La mamá de Philly recibe carta anónima acerca de su hijo con autismo». Pestañeé imaginando que no sería una buena carta. Fue peor que eso. Bonnie Moran, una mujer autista con un hijo autista, encontró esta carta en su buzón (copia sin editar):

> *A los padres de ese pequeño en su casa,*
>
>   *El clima se está volviendo agradable y como toda persona normal, abro mis ventanas para ventilar la casa. No para oír a un caprichoso gritando a todo pulmón mientras agita los brazos como un pájaro. No me importa cómo cría a su hijo o si es un retardado. Pero esos gritos sin cesar deben parar. Nadie quiere oírle portarse como un animal salvaje, es sumamente desagradable, sin mencionar que asusta a mis hijos normales. Con simplemente quedarse allí parada y hablarle solamente, no va cambiar nada. Además, usted parece una estúpida mientras él hace lo que se le antoja. Dele algo de disciplina a la antigua unas cuantas veces y se portará mejor. Si ese niño necesita aire fresco… llévelo al parque no al patio trasero o al frente donde otras personas llegan a casa del trabajo, tienen un día libre o solamente están descansando. Ninguno necesita oír esa voz chillona por horas. ¡Haga algo con respecto a ese hijo!*

Moran lloró por horas.

Sin embargo, esta historia tiene un final feliz. La contacté después de leer la historia; ella me dijo que eventualmente descubrió quién le envió la carta, y la invitó a su casa para que pasara tiempo con su hijo y así tuviera una mejor idea de lo que es el autismo. La vecina duplicó su ataque, diciendo que Moran era una madre terrible que solamente trataba de atraer la atención de los demás. Pero cuando Moran publicó la carta en el grupo local de Facebook, ella recibió muchas invitaciones de los sorprendidos vecinos para que su hijo jugara y se sintiera aceptado en la comunidad.

Esta historia me recuerda: todas las madres de los niños con el trastorno del espectro tienen momentos de mortificación. También, yo.

Por un lado, me siento afortunada: cuando las cosas no funcionan a su manera, Gus no actúa descontroladamente. Por otro lado, incluso sin perder el control, las normas sociales nada significan para él. «Le encanta un poco más el sistema de transporte metropolitano que al resto de nosotros», creo que Gus obliga a algunos que no son de estos lugares que llevan un mapa a escuchar a sus direcciones del metro. Le he arrastrado de las conversaciones acerca de Dios con varias personas indigentes después de que me demandara que les diera dinero, y me han pedido que le callara en los cines y teatros porque él no entiende lo que es susurrar. Creo que Halloween es la mejor fiesta para nosotros, y de hecho para la mayoría de los padres de niños autistas. Nada que haga su hijo parecerá demasiado extraño. Aunque Gus no come dulces, le encanta recogerlos. Para él esa es la manera perfecta de compartir con otros: dice una frase a las personas en la puerta, las personas admiran el traje, y uno continúa a la siguiente casa. (Al menos ahora lo hace. Solía meterse en sus apartamentos y rehusaba salir sino después de entrar en cada habitación).

El año pasado, a los trece años, Gus se disfrazó de Maléfica, completamente vestido con túnicas y cuernos. Él sabe que Maléfica es mujer y no le importa. Ella puede transformarse también en dragón, así que está bien. Henry, que se disfrazó de un corintio o algo similar (nunca entendí bien esto, pero procuramos encontrar el traje con más exactitud histórica), le mortificaba que las personas tomaran fotos de su hermano mientras inclinaba la cabeza para atrás y gritaba a todo pulmón GUA-JA-JA-JA. «Cariño», dije mientras Henry trataba de hacerse invisible, «esta es la razón por la que vivimos en Nueva York».

También la modestia es un concepto completamente foráneo para Gus. Nunca iría al baño frente a un perro, pero los seres humanos son otra cosa. Me confunde que un niño no entienda el punto de cerrar una puerta. Gus nunca nota que sus pantalones cuelgan tan bajo que deja ver su trasero, ni ha aprendido, incluso a los catorce años, que cuando hay visitas, no es apropiado andar desnudo para ir a ducharse. O, por el contrario, entiende que debe ceñirse una toalla, pero solamente porque yo lo digo. Todavía no tiene claro dónde ceñirse la toalla. Por lo general, usa la toalla sobre sus hombros.

—¿No te da vergüenza? —me dice Henry mientras caminábamos calle abajo y Gus graznaba discretamente entre dientes. Henry me recordó que el año pasado Gus quería caminar a la escuela solo, que para él parecía perfectamente razonable, pero a mí me parecía como invitarle a ser la rana en su propio juego de *Frogger*.

—Te imaginas si él estuviera haciendo esto mientras camina solo. Gus, ¡ya basta! —grita Henry, por la enésima vez. Cuando se siente con más esperanza, Henry tiene una teoría—. Imagina si en treinta años después descubrimos que Gus estaba simulando todo y que en realidad él es un genio británico tratando de infiltrarse en nuestra familia.

*   *   *

Hay estudios ilimitados sobre la vergüenza. (Y algunos son algo divertidos: ¿Qué pasa cuando pide a un individuo observar fotos de personas y luego le dice que, según las medidas de los ojos, ha pasado más tiempo que la persona promedio mirando a las entrepiernas de las personas? Da mucha risa). Pero en general, la vergüenza es una emoción social: sentimos vergüenza cuando algo que hacemos, o algo que alguien hace, entra en conflicto con la imagen de nosotros mismos frente a un grupo de personas. La frase clave aquí es «imagen de nosotros mismos». Si una de las principales manifestaciones del autismo es la incapacidad de comprender que las demás personas piensan, sienten, tienen emociones y necesidades diferentes que las nuestras, entonces tiene sentido decir que muchos no se avergüencen; ellos no tienen un sentido de quiénes son con relación a otras personas. Ciertamente Gus no lo tiene.

Entonces, ¿qué puede hacer un padre? Por un lado, uno trata de controlar el comportamiento social más inaceptable. «¡Solamente puedo tocarme en la privacidad de mi propia habitación!». Me ha dicho Gus en varias ocasiones, y mientras tomo esto como una señal de esperanza de que entendiera mi mensaje, y oro también para que él no considere esto como un tema interesante para iniciar una conversación en la fiesta de cumpleaños de un amigo.

Entonces hay un montón de otros comportamientos simplemente molestos o ajenos que no he podido eliminar del todo, pero en ocasiones he podido darles buen uso. Por ejemplo, por años no he podido evitar que Gus contestara el teléfono; su necesidad de conectarse con las personas es más fuerte que su capacidad de comprender lo que realmente es esa conexión. Así que corría a contestar, y después lo encontraba en una profunda conversación con varias personas con quiénes yo trabajaba, a las que él preguntaba dónde vivían, adónde irían esa noche, y les explicaba las direcciones para llegar allí. Pero con el paso del tiempo, la mayoría de las personas comenzaron a usar el correo electrónico y a mandar textos, y me di cuenta de que solamente los únicos que utilizaban el teléfono eran los vendedores. Henry, cuya vida entera se dedica a hacer bromas de uno u otro tipo, me convenció: deja que Gus conteste. Ahora, Gus espera pacientemente por el silencio o que la grabación termine hasta escuchar una persona en vivo. Allí es donde comienza la diversión. «Mi madre está aquí mismo. ¿Qué quieres

preguntarle? ¿Dónde vives? ¿Qué estación de tren está cerca de allí?».
Al principio me sentí culpable, pero como señaló Henry, «los vendedores te obsequian con la pérdida del tiempo, solamente les estas devolviendo el favor».

Últimamente he estado recibiendo menos y menos llamadas de
vendedores. Sospecho que hay una nota en la lista que tienen, «no llamar: niño completamente loco en casa».

*   *   *

Hay cosas peores que un niño autista que no siente vergüenza, como
descubrí recientemente. Mucho peores.

Gus y yo estábamos en un concierto patrocinado por *Music for
Autism* [Música para Autistas] una estupenda organización que reúne
actores de Broadway para dar un concierto de una hora a niños con
el trastorno del espectro. Al diablo con los niños; es un deleite para
nosotros los padres. Durante una hora, no nos preocupamos que el
comportamiento de nuestros hijos, expresado socialmente de maneras
cuestionables, impida que los demás pasemos un buen rato. Se alienta
a danzar en los pasillos y a cantar a todo pulmón. En otras palabras,
en un concierto de música para autistas, soy libre de la vergüenza de
cómo actúa Gus.

Durante este respiro de la realidad, los actores estaban cantando los
éxitos del musical de Gloria Estefan *On Your Feet*! Gus estaba haciendo
lo que siempre quiere hacer, pero que usualmente no puede, excepto en
estos conciertos: acercarse centímetro a centímetro a la cantante, embelesado y asombrado, hasta danzar a unos centímetros de ella. El ritmo te va a cautivar y a usted, a usted, y a usted y definitivamente a Gus.

Pero entonces, allí estaba este niño. Él tenía la edad de Gus, piel
oliva, bien parecido, y que apenas podía controlar sus emociones. Él
seguía repitiendo a sus padres, una y otra vez, «lo siento... lo siento...
lo siento».

El pequeño nada tenía en absoluto de qué disculparse, excepto, tal vez, que él no podía dejar de repetir la frase, y sus padres no podían pararlo. ¿Se sentía culpable por algo que había hecho, o era esto pura ecolalia? (Ecolalia es la repetición precisa de palabras y frases, muy común entre las personas con TEA, que la persona no siempre comprende o pretende decir). Yo no sabía. Pero sé que si por cualquier motivo, él vivía en una condición de vergüenza por su comportamiento, incapaz de controlarlo y estando consciente de que no era normal, entonces, oh Dios mío, *yo* era la que lo sentía. Quería darles un abrazo a él y a sus padres. Quería darle una transfusión del enajenamiento de Gus. Quería que la cantante irrumpiera en una copia de Lady Gaga «Born This Way» [Nací de esta manera].

*   *   *

A través del dolor hay crecimiento. Pienso en esto todo el tiempo. ¿Quiero que mi hijo sea consciente de sí mismo y sienta vergüenza? Sí quiero. Gus aún no tiene conciencia de sí mismo, y sentir vergüenza es parte de ser consciente de uno mismo. Es el reconocimiento de que usted vive en un mundo donde las personas tal vez piensen diferente de usted. La vergüenza humilla y la vergüenza enseña. Un lado de la ecuación sin la vergüenza es la crueldad, y a menudo el éxito. Pero qué si vive del lado que vive Gus, del lado de la falta de vergüenza de los arcoíris y unicornios y «qué hay de malo si uno camina desnudo a través de una multitud», usted nunca podrá comprender cómo otros piensan o sienten. Quiero que él comprenda la norma, aunque al final la rechace.

Hay indicios de que las cosas están comenzando a cambiar, aunque gradualmente. El otro día yo vestía unos pantalones de baja cintura, la inconveniencia de todas las mujeres gorditas de mediana edad. Me incliné para limpiar algo del piso y creo que no me di cuenta de que estaba dando mi mejor representación del plomero. Con una mirada de compasión y usando el mismo gesto que usé con él miles de veces anteriormente, Gus vino detrás de mí y trató de alzar mis pantalones.

—Te ves ridícula, mami —dijo él mientras yo me gozaba.

Siete

———

¡VAMOS!

«¿Adivina qué? ¡Nos vamos a Alaska!».

Gus: «¿Hay ahí arroz con leche?».

Henry: «No».

John: «¿Cuánto?».

¿Por qué había pensado que este viaje sería diferente? Que me recibirían con gritos de «¡GUAU!» y «¡ERES LA MEJOR MAMI!» y «SERÁ COMO UNA SEGUNDA LUNA DE MIEL». Bueno, tal vez lo último fue una exageración. En realidad, todos fueron.

No tengo una buena historia de viaje con mi familia. En este punto ni siquiera pienso de estos viajes como aventuras sino como antropología, una oportunidad para hacer una crónica de los defectos del carácter de las personas cercanas a mí. Y aun así mi romance con el viaje familiar persiste. *Esta vez todo será diferente. Esta vez será el viaje perfecto.*

Siempre en el fondo continúa mi mayor deseo: que Gus se convierta un fanático de «lo nuevo», o al menos no sea su mortal enemigo. Todo es parte de mi realidad alternativa, donde Gus viva en la «tierra de lo normal». En la tierra de lo normal, no debo viajar con una caja de cereales en caso de que en algún lugar y de alguna manera se terminen. En la tierra de lo normal, mi Gus se interesa en ver y hablar con los nativos, en vez de, digamos, mirar la llegada y partida de los autobuses del hotel. En la tierra de lo normal, Gus disfruta de más de cinco alimentos. Observará cómo los extraños se estrechan las manos. Sentirá cuando sus pantalones empiezan a deslizarse y los subirá y ajustará. Y, sobre todo, él no llorará cada tarde porque extraña su casa, no a su familia que está a su lado, sino sus cosas. Las cortinas de la habitación con figuras de serpientes, leones, jirafas y varios animales que creo que el diseñador de la tela se inventó. Los camioncitos monstruos con ruedas de fricción, un sonido que le calma. Sus figurines de villanos, sus trenes, sus globos de nieve y sus artículos de magia, un regalo de Maléfica, que él todavía usa en ocasiones cuando mira sus videos, imitando las escenas y repitiendo sus frases de la misma manera que yo solía hacer cuando iba a ver las películas de medianoche *The Rocky Horror Picture Show*. Estas son las cosas por las que él llora. He tomado fotos de estas cosas y las puse en su computadora, y cuando se siente muy inseguro le muestro las fotos. ¡Mira! Todo está allí todavía, ¡esperándote! Durante las vacaciones sus lágrimas son tan predecibles como una tormenta en los trópicos. Desaparecen rápidamente, y vuelve a sonreír. Pero en la tierra de lo normal, Gus no se despierta cada mañana y anuncia con entusiasmo cuántos días hay antes de que regresemos a casa.

*   *   *

Nunca hemos sido grandes viajeros. Durante los primeros seis años de la vida de Henry y Gus, el viaje consistía en pasar un día en la playa. Me convencí a mí misma de que ellos lo disfrutarían a pesar de que se aferraban a mí como crías de babuinos si los metía en el agua. ¿Por qué su madre estaba cometiendo el crimen de la natación? Mientras que los niños a mí alrededor gritaban de alegría, escondiéndose bajo la arena y saltando en el agua, Henry y Gus se aferraban a mis piernas en un esfuerzo por escapar de la arena bajo sus pies. Sus ojos sorprendidos y labios temblorosos decían, «¿qué es este abismo sin fin de arena y agua? Hace calor; hay bichos; *se nos ha traído aquí para castigarnos de algo malo que hemos hecho*».

Los planes para viajar por avión sin duda no eran una opción, en parte porque Gus no podía sentarse quieto, pero principalmente porque yo resentía tanto a las otras madres que viajaban con sus hijos en aviones que rehusaba unirme al club de la envidiada por todos. Estoy segura de que cuando la historia explique el divorcio de Brad y Angelina, nada tendría que ver con otra mujer o el alcohol sino con el frecuente viaje por avión con seis niños.

Entre mis más recientes recuerdos de viajes de trabajo me había sentado al lado de una mujer con su niño de dieciocho meses. Gus y Henry tenían aproximadamente la misma edad, y así, extrañándoles un poco, comencé un juego de cuco con el pequeño. La madre, complacida de tener unos minutos para descansar, procedió engullir vodka tonics mientras su hijo me amenazaba con una paleta dulce. Él estaba determinado a compartir su paleta, solo que quería compartirla con mi brazo, una y otra vez. Creo que habíamos establecido mis sentimientos acerca de la pegajosidad; me sentí tan molesta como Donald Trump lo está con el *New York Times*. Puede imaginarse la escena con la madre y el niño cuando finalmente decidí confiscar la intolerable paleta.

No querer ser esa madre desempeñó un papel, pero también mi familia neurótica. Cuando Henry y Gus tenían seis años, le dije a John que iríamos a Disney World por primera vez. John amablemente objetó. Creo que sus palabras precisas fueron: «Ellos te roban el dinero y te hacen engullir sus malditos falsos valores americanos. ¿Es eso lo que quieres para tus hijos?». Terminé llevando solamente a Henry conmigo. Le encantó el aeropuerto y el avión; un amado vecino había fallecido recientemente y Henry estaba convencido de haber visto a Jerry en las nubes. También le encantó el hotel polinesio. El problema es que le gustaba demasiado. No quería irse. No fue sino hasta que llegué al parque que descubrí dos cosas que Henry temía más que nada en el mundo: los paseos en el parque de diversiones y las personas disfrazadas de personajes. Afortunadamente había una aplicación para que uno pueda seguir los movimientos de los personajes alrededor del parque. Las personas usan estas aplicaciones para poder encontrar a Goofy (Tribilín) y al pato Donald, y asimismo también es útil para evitarlos. La otra cosa que recuerdo de ese negativo viaje es a mi hijo de seis años parado frente del *Big Thunder Mountain Railroad* gritando al azar a los extraños: «NO MONTES EN ESTA ATRACCIÓN. TU MADRE TE DIRÁ QUE SOLAMENTE ES UN TREN, PERO MIENTE. ES UNA MONTAÑA RUSA, ES PAVOROSA, ES HORRIBLE». En esencia pagué dos mil dólares para deslizarme por *It's a Small World* una y otra vez. ¿Conoce al niño maorí apretando lo que parece un búmeran frente a él? Después de examinarlo por tres días estoy más que segura que es un gran órgano masculino, y seguro que los diseñadores de animatrónica de Disney se reían entre ellos.

Esperé otros cinco años antes de hacer un viaje con los cuatro de la familia. Decidí que deberíamos ir a Arizona para disfrutar de la belleza natural de Sedona mientras nos hospedábamos en un hotel muy elegante del que nadie puede quejarse.

Durante una caminata de poco más de un kilómetro a la cima de una formación rocosa, John exponía continuamente los peligros que estábamos enfrentando: insolación, serpientes cascabel, escorpiones, deshidratación. Resalté que en un sendero de poco más de un kilómetro por una pendiente lisa no son necesarios los conocimientos de supervivencia. «Muy bien», dijo Henry, «pero en caso de que nos perdamos y pasemos hambre y nos tengamos que comer el uno al otro, yo escojo a mamá. Ella es la más grande».

El viaje culminó conmigo llorando en nuestro horrible vehículo de renta al borde del Gran Cañón.

—¿Mamá? Hablando en serio, ¿qué pensaste que iba a pasar? —dijo Henry—. Nos trajiste a la capital del mundo de las rocas y el polen.

Papá no puede caminar, y yo no puedo respirar. —Los problemas de rodilla de John habían empeorado recientemente, y ¿quién sabía que esa nube de semillas flotantes de algodón, que Henry llama la pelusa asesina, desencadenaría la peor alergia de su vida?

—Y mira a Gus —agregó Henry. A la mención de su nombre, Gus nos miró desde el asiento trasero, y sus ojos se llenaron de lágrimas. Él detesta todo lo que esté lejos de su casa.

*   *   *

La mayoría de los padres dicen que quieren que sus hijos tengan una vida mejor que la que ellos tuvieron. Pero mis padres me dieron una vida muy buena; yo solamente quería que mis hijos tuvieran una vida diferente. Específicamente, no quería que fueran unos cobardes como fui yo. Disfrutaba sentarme en casa con mamá y papá en su capullo urbano mirando el programa de *Mary Tyler Moore* y robar, cuando no podían verme, la tarta de manzana de la caja de cena precocinada *Swanson*. Estaba sumamente protegida y mimada. Pero yo quería criar a mis hijos para que sean personas del mundo, la clase de muchachos que no temen hacer algo por sí mismos, que no les importa algo de incomodidad a fin de experimentar lo nuevo y lo diferente.

En cambio, eran como yo, adictos a la comodidad y al lujo. Siempre me he identificado con el dicho de Joan Rivers acerca del servicio de habitaciones: «Es como el sexo oral. Incluso cuando es malo, es bueno».

De manera que nuestras conversaciones previas al viaje suenan como esto:

—Necesitamos un lugar con piscina bajo cubierta porque de lo contrario todos los mosquitos entrarán a la piscina y me picarán —dice Henry cuando propusimos una excursión a Nuevo México.

—Deja de preocuparte, está cerca del desierto, no hay muchos insectos voladores.

—Debemos encontrar un hotel con piscina interna.

—Bueno, esto es estúpido, no hay muchos insectos en el desierto. Solamente hay escorpiones.

—¿Qué? Basta, no iré. Esto es como decirme, "ah no te preocupes por estar en una pelea... nadie tiene navajas, solamente lanzallamas" —replica Henry pálido.

*   *   *

Cuando tenía doce años, mi madre decidió llevarme a un viaje en el automóvil rojo cereza Buick Riviera al que ella llamaba el Pimpmovil. Ella acababa de descubrir la Banda Ciudadana o BC radio y estaba completamente cautivada; como era especialista en radiología, decidió que Doctora Gallina sería su seudónimo. Gallina y yo salimos para ver los parques nacionales de Estados Unidos. Ella me dejó elegir los hoteles, asegurándose que gastaríamos más de lo que podíamos pagar. Mi único recuerdo de ese viaje fue mi enfadada madre gritando: «Mira por la ventana» mientras yo me tendía en el asiento trasero, leyendo ¿Estás ahí Dios? Soy yo, Margaret.

Además, había marmotas. Estos dos recuerdos costaron a mi mamá trece semanas de su vida.

*   *   *

Un día durante unas vacaciones de invierno Henry y yo estábamos sentados en su habitación mirando un partido.

—¿Acaso ese sonido no te trae buenas memorias? —dijo él.

—¿Qué sonido? Todo lo que oigo es el zumbido de la calefacción.

—¡Sí! Eso. Es tan cálido y me hace pensar en Navidad.

—Entonces... ¿no el árbol ni los cantantes o el aroma de la sidra y canela? O ¿no unas de las pocas excursiones que hemos hecho? No ir a ver a la familia o ir las fiestas, o...

—Tengo muchos buenos recuerdos en esta habitación —dijo él, algo defensivo.

—Si tienes nostalgia del zumbido de tu unidad de climatización, soy la peor madre que haya existido —dije.

Así que cambié de táctica. Esta vez, planifiqué un viaje completo en torno a la idea de que mi esposo no podía caminar muy bien, y que también se niega a reconocer el problema. Esta es la razón por la que hay cruceros: imaginando que usted es una aventurera audaz y a la vez con la garantía de que nunca estará sin un coctel y aire acondicionado.

Justo antes de que saliéramos para Alaska, John optó por su vacación perfecta; quedarse en casa sólo. Al menos, así es como se lo presenté a mis amigos. En verdad, él estaba teniendo algunos problemas médicos menores, así que podía entender porque él no quería venir. Pero la idea de Gus en un barco conmigo solamente despertó en John sus peores ansiedades de viaje.

—Vigílalo bien —dijo John, sombríamente.

No es que los temores de John sean infundados. Esto se debe, bueno, ese día en el que Gus se escapó durante el concierto de Laurie Berkner no fue algo inusual; desde los tres años a los diez, en cada salida por lo general yo terminaba describiendo a mi hijo desaparecido a un policía preocupado.

Es un problema común con los niños autistas. Según un estudio en la revista *Pediatrics*, aproximadamente la mitad de todos los niños con el trastorno del espectro se alejan de un lugar seguro y controlado. También hubo la reciente tragedia de Avante Oquendo, un niño de catorce años autista que no hablaba de Queens que se había escapado de su (supuestamente segura) escuela, a pesar de las advertencias de sus padres que él corría riesgo de escaparse. Partes de su cuerpo gravemente descompuesto se encontraron tres meses después en una playa de Queens.

«Vigílalo», escuché cada hora durante los siguientes tres días.

John solamente tiene que decir «Paul Giamatti» para hacerme recordar todo. Gus tenía cuatro años. Estábamos en la fiesta de cumpleaños de un niño en la villa Greenwich en un establo convertido en sala de fiesta; el actor y su hijo estaban allí. El lugar de la fiesta tenía una entrada que daba a la calle. Alguien dejó la puerta abierta y Gus se encaminó directamente hacia la salida. Giamatti lo interceptó antes de que fuera atropellado por un vehículo que estaba retrocediendo. No estoy segura quién vestía el traje de Supermán en esa fiesta, el actor o su hijo, pero en mi mente siempre es Paul Giamatti.

La tendencia de Gus de vagar terminó cuando tenía aproximadamente diez años. Fui muy afortunada porque muchos padres de niños autistas descubren que si tienen un hijo que escapa a los cinco años, se seguirá escapando a los veinte años. Pero John seguía traumatizado indefinidamente por las memorias de los escapes de Gus. Además, no confiaba en mi memoria y capacidad de atención. Tampoco tenía confianza en que Gus haya finalmente desarrollado un temor adecuado de las alturas, haciendo muy posible que piense que sería divertido saltar fuera de la cubierta. En esta, y en muchas otras facetas de Gus, John no podía ver el cambio. Él estaba seguro de que, si él mismo no estaba allí, Gus decididamente saltaría por la borda, o que iríamos a una excursión fuera del barco y me olvidaría de traerlo de vuelta, como si fuera un par de calcetines.

Eso es lo que aprendí de nuestro viaje a Alaska:

Es posible, aunque no es deseable, vivir en un ropero con mis hijos. Esa fue la medida del cuarto. Cuando vi que había literas, y que se doblaban, discretamente di gracias a Dios que no íbamos a compartir también la habitación con John.

Para Henry, cualquier queja puede contrarrestarse con la frase «bufé libre».

Las águilas calvas pueden ser tan espantosas como las palomas cuando docenas de ellas vuelan por encima de su cabeza.

Los delfines verdaderamente son los animales más felices de la tierra, o al menos así parecen cuando se deslizan como surfistas detrás del barco.

La Internet no es una diversión útil en un crucero, lo cual aprendí solamente cuando me presentaron una cuenta astronómica porque había olvidado apagar el iPad de Gus.

Un joven de catorce años no puede jugar póker en el casino, no importa cuántas maneras creativas inventa para poder hacerlo. Henry quedó decepcionado al saber que había un casino en el barco pero no podía entrar debido a su edad, y no por su reputación como un ladino con las cartas en los juegos de póker que maneja en su escuela durante las horas del almuerzo. «No, no usaré un auricular para recibir tus instrucciones», dije, aunque algo halagada que Henry considerara a su madre como una villana en una película de James Bond.

Mi esperanza de toda la vida que Gus sea gay, ¿qué gay no adora a su madre?, revivió brevemente cuando insistió en asistir al documental de Elton John y a un show de Stephen Sondheim. Los cruceros tienen programas diarios, lo cual se convirtió en una fijación para Gus: fuimos a la fiesta en la discoteca sobre cubierta de *El Crucero del Amor* porque estaba en el programa.

Sí, Gus pasó un buen tiempo observando a las personas entrar y salir de los elevadores, a pesar de que eso no estaba incluido en el programa diario. Y sí, cada mañana anunciaba cuántos días faltaba para que volviéramos a casa. Sin embargo, no había lloros por la tarde. En su lugar, cada tarde aproximadamente a la misma hora se apartaba para mirar su computadora y discretamente mirar las fotos de su habitación en nuestra casa.

*   *   *

El verano siguiente decidí que necesitaba adoptar una actitud diferente en cuanto a los viajes de familia. Primero, estos viajes no podían incluir a todos nosotros. Era imposible porque cada uno quiere hacer algo diferente. Segundo, no podía ser de diversión, por lo menos para mí. Si eso era lo que estaba prometiendo, estaba destinada a perder. En cambio, tenía que estar dispuesta a viajar como si cumpliera una meta específica, una que nunca se me ocurriría tener. Uno de mis hijos tendría la aventura que deseaba; yo le acompañaría en esa aventura. Con mucho entusiasmo, comuniqué mi nuevo plan a Henry.

—Entonces iremos a Caracas en Venezuela —dijo él—. Claro, ellos tienen la mayor tasa de asesinatos, pero ¿sabías también que es el país con las mujeres más bellas del mundo?

Sugerí que encontrara otro objetivo. Razón por la que terminamos en París durante los *Euro Games*. Esta vez su objetivo era cantar para alentar su equipo, Inglaterra, con muchos otros ebrios como sea posible. Estaba dispuesta a pasar por alto la posibilidad de ser golpeada por enojados eslovacos que pasar una hora de nuestras vidas juntos en el Museo de Orsay con el *Retrato de la madre del artista* de Whistler y el autorretrato de van Gogh. Le mostré el retrato de Courbet *El origen del mundo* y dije que vive en el Museo de Orsay, y siendo esa la clase de arte que la mayoría de los adolescentes varones no pueden ignorar, viajamos a París.

Debido a que todavía me pierdo en el vecindario en el que he vivido treinta años, recogimos por el camino algunas guías turísticas. Las guías fueron fabulosas y permitieron que Henry memorizara información interesante y completamente ajena que todavía puede repetir a voluntad. En una de nuestras guías, Jean-Paul Belmondo, —probablemente tenga otro nombre, pero con ese le conocimos— Henry, ahora Henri, encontró un compañero ateo que profesa ser anarquista y se considera un filósofo independiente. Jean-Paul había escrito varios libros, entre ellos una colección de humor para anarquistas y una guía erótica para el Museo de Louvre. Él tenía muchas historias sugestivas para contar. Es difícil resistir a cualquiera que tenga historias acerca de sí mismo como un joven bien parecido seducido por Jean-Paul Sartre.

En un punto Henry se negó a probar chocolate, porque era negro y no el Nestlé al que estaba acostumbrado. Y el guía dijo, «Henry, recuerdas cuando tenías alrededor de diez años, y alguien mencionó a una muchacha y dijiste, "¡ay, qué asco!" ¿Recuerdas? Ahora si te digo, "hay cuatro muchachas en mi apartamento, y todas ellas dicen que tienen veintidós años y todas quieren estar contigo, y toma la llave de mi apartamento", ¿aceptarías la llave? Creo que la aceptarías. Bueno, así es como te sentirías acerca del chocolate en unos años, cuando tu gusto madure». Me di cuenta de que este guía debe ser también un mentor de vida.

A pesar de que me las arreglé para encontrar comida chatarra (¿quién come mal en Francia?), fue el primer viaje casi exitoso que he tenido con mis hijos desde que nacieron. La única pelea seria que tuvimos fue acerca de Brexit. Por casualidad estábamos en París la noche que el Reino Unido decidió separarse de la Unión Europea. Debido a que su papá es británico, Henry tiene doble ciudadanía. Sin embargo, creo que Henry desarrolló una opinión acerca de todo el asunto diez minutos antes de que comenzara el escrutinio. Él no podía dejar de seguir las noticias. El escrutinio duró toda la noche, y me desperté viendo a Henry que daba puñetazos contra el colchón. En el tiempo que tomó al Reino Unido salirse de la Unión Europea, él se convirtió, en su mente, completamente británico. «Ahora nunca podré trabajar en Europa. Ese maldito Boris Johnson arruinó todo».

«¿Podemos preocuparnos de tus oportunidades supuestamente perdidas de tu supuesta carrera cuando no sean las tres de la mañana?», dije. En ese momento arrojó su almohada contra el televisor y comenzó a sollozar. Algunos de nosotros no nos adaptamos bien cuando sufrimos un cambio de horario.

Pero ese fue nuestro único mal momento. Llena de éxito, volví a casa y decidí abordar la otra traba de vacaciones: Gus. Tendremos un propósito. Iremos a Disney World para ver a los villanos.

Aunque los villanos fueran su obsesión actual, su respuesta inmediata de ir a cualquier lugar sería «no». Así que yo sabía que él necesitaría recibir una invitación especial. Gus había iniciado correspondencia por correo electrónico con Maléfica desde hace unos meses. Él quería saber cómo podía mantenerse tan mala, ¿era gracias a la nube de humo?, y preguntaba si, ya que ambos aman la música, podían ser amigos a pesar de ser una villana. (Su hijo puede mantener correspondencia con ella también, en *maleficentmanhattan@gmail.com*. También con el hada de los dientes, escriba a *fairyfairnyc@gmail.com*. Tengo que dedicarme a otros pasatiempos).

Así que, para este viaje, era necesario que Maléfica enviara una invitación personal:

Querido Gus: He estado pensando en ti. Hemos estado muy ocupados por aquí con los nuevos maleficios que he tenido que inventar y, además, he pasado la mayor parte de mi tiempo transformándome en un dragón. Sin embargo, me encantaría conocerte algún día. ¿Por qué no vienes con tu madre a visitarme a Disney World?

Tu amiga Maléfica

En mi prisa por escribir este correo electrónico, escribí, «¿por qué no vienes con tu madre a visitar Israel?» Así que al principio hubo algo de confusión. Pero cuando le aclaré que Maléfica estaba en Orlando, parecía que estábamos en camino a allí.

Cuando se trata de personajes como Maléfica, Siri y una multitud de otros personajes de ficción, Gus sabe que ellos no son reales. Algo que F. Scott Fitzgerald dijo que la prueba de una inteligencia de primera clase es la capacidad de retener dos ideas opuestas en la mente al mismo tiempo y seguir conservando la capacidad de funcionar. Esto es como decidí considerar esa situación.

Cuando dije a Gus que visitaríamos a Maléfica, él estaba muy emocionado, y conseguí un buen precio en el muy caro Gran Floridian, porque recientemente un cocodrilo tragó a un niño allí. (Una ganga es una ganga). Prometí llevar una caja de cereales Cheerios porque, sorprendentemente, el lugar más feliz en la tierra tiene un contrato con los cereales Kellogg y no con la General Mills, y por tanto no hay Cheerios en ese lugar. (Una sensibilización hacia el autismo es deseable, pero razón real de este libro es hacer que los cereales Cheerios estén disponibles en el mundo mágico de Disney World. Escriba un correo electrónico de indignación a *wdw.public.relations@disney.com* y dígales que Gus lo envió).

Sin embargo, varias noches antes de viajar, había mucho que procesar sobre nuestro anterior viaje a Disney World unos años antes, cuando los niños tenían diez años. Henry disfrutó mayormente porque teníamos, gracias a Gus, un pase de discapacidad y no teníamos que esperar en largas filas. Creí que lo reservé en reservas para cuando Gus se pusiera muy inquieto, pero debí darme cuenta de que el que estaba molesto por esperar en largas filas era Henry. «NIÑO AUTISTA PASANDO POR AQUÍ», gritaba él por todas partes. Después de un día logré que parara, pero no antes de que averiguara si con el Pase libre del autista, como él lo llamaba, pudiéramos conseguir también descuentos con las comidas.

Ese viaje fue antes de que comenzara la obsesión de Gus con los villanos de Disney, pero alimentó un temor por los truenos y relámpagos que ya tenía cuándo un rayo alcanzó nuestro monocarril durante una inesperada tormenta. En realidad, no fue tan malo como suena, Disney es muy famoso por prepararse para toda eventualidad, aunque el rayo sacudió de sus asientos a Gus y Henry, y en el silencio que siguió cuando la luz se apagó mientras esperábamos instrucciones, Henry alegremente anunció, «creo que tenemos una demanda judicial aquí». Sin embargo, Gus nunca se recuperó del impacto, y ahora tenemos que tener muchas conversaciones acerca de lo que significa que «el rayo no toca dos veces». Por ejemplo, no estaba tratando de hacerle comprender un concepto abstracto que él no pudiera captar. Yo quería que él entendiera en su sentido literal.

Por supuesto debí averiguarlo. Lo que sucede es que Maléfica y casi todos los otros villanos solamente merodean por Disney World las semanas alrededor del tiempo de Halloween (tengo que entrar en el sindicato de villanos). ¡Tampoco el Capitán Garfio ni Cruella de Vil, caramba! Cuando le dije que había llamado a todos de quienes podía acordarme, y estaba segura de que esta información era correcta, hubo algunas lágrimas. Consideré enviar a Gus otra nota que diga que realmente Maléfica *estaba* en Israel (porque eso es lo que el Medio Oriente necesita, más villanos), pero en vez le dije que ella y sus amigos habían sido convocados para atender un asunto malicioso del cual ella tenía que guardar el secreto. Aunque Maléfica aseguraba que se reunirían otra vez.

Tuve pánico. Necesitaba villanos.

Razón por la que terminamos una noche en la *Cena Felices para Siempre de la Cenicienta* con la Cenicienta, el príncipe azul, y lo más importante, su diabólica madrastra, Lady Tremaine, y las malvadas hermanastras, Anastasia y Drizella.

Esto es lo que sucede. Usted come en un bufé libre con los personajes de la Cenicienta en un centro turístico de Disney con su hijo *adolescente*, quien está totalmente fascinado y resalta entre el mar de niñas de cinco años que revolotean con sus vestidos de princesas. Su opción es cuestionar todas las decisiones de su vida o desarrollar el síndrome de Stockholm. Así que de pronto pregunta, «¿DÓNDE ESTÁ EL PRÍNCIPE AZUL?», aunque su hijo le explica que realmente no quiere una foto con el Príncipe porque eso resultaría extraño.

Al momento que dejé de rodar mis ojos a todo lo que era Disney, fue cuando Anastasia y Drizella se acercaron a nuestra mesa y Gus quedó completamente encantado. La representación de los caracteres fue perfecta y de alguna manera lograron transmitir su maldad y a la vez ser encantadoras. Gus logró que una de ella chillara como su malvado gato.

¿Y el Príncipe? Probablemente él tenía diecinueve años. Me llamó señora e hizo una reverencia y no parecía perturbado que una mujer de mediana edad le siguiera secretamente por todo el restaurante para tomarle una foto. Hay algunas cosas en la vida que no pueden probarse, pero usted sabe que son verdad, y yo sé que hay una película porno con jovencitos y mujeres maduras llamado *Someday My Prince Will Cum* [Algún día mi príncipe «vendrá»], y los abogados de Disney no han podido pararla. Sí, se sirve vino en la *Cena felices para siempre*, ¿por qué lo pregunta?

En la mayoría de las fotos, Gus parece completamente loco. Salió esa noche con un balbuceo incoherente acerca de los villanos. Una confundida «miembro del reparto» de Disney (la mesera del restaurante) había estado observándole toda la noche. «Sí, lo es», dije como respuesta a su callada interrogante. Supuestamente ella no debe salirse de su personaje, pero comenzamos a conversar. Ella acostumbraba a trabajar con niños autistas, y su propio hijo tenía varios problemas, incluyendo sobrevivir al cáncer cuando tenía doce años. Explicó lo que sucedía con los niños con TEA y los villanos. Los villanos, dijo ella, se describen con rasgos tan generales que resulta maravilloso conocer quiénes son y qué hacen, en comparación a cantidad infinita de seres humanos ladinos, que pueden que sean villanos pero en su mayoría no se reconocen como tales. Los villanos de Disney (como los trenes de *Thomas y sus amigos*) ofrecen dicha claridad. Si solamente todos pudiéramos reconocer a los malvados entre nosotros por sus risas o sus cejas.

Para Gus, fue la primera vez que él fue la persona más feliz de la tierra en un lugar fuera de su casa. Tal vez nunca visitemos la «tierra de lo normal», pero todavía podemos usar batas de baño y sábanas suaves.

Ocho

LA DOCTORA GRINSTEIN

La endocrinóloga me mostró el gráfico. Al principio ella no dijo nada. *Espero que use sus palabras*, pensé. En realidad, no entiendo los gráficos, pero no quiero admitir esto. En la prueba estándar de matemáticas me dieron un 490, no es que el número se me quedara grabado en mi cerebro o algo así. De todas maneras, todo lo que veo son unas líneas que suben y un punto muy por debajo de esas líneas, y ese punto es mi Gus de catorce años.

«Gus está en la parte inferior del cinco por ciento de la altura media para su edad casi toda su vida», comienza a decir la doctora Gabrielle Grinstein, «y ahora él está en el mínimo tres por ciento. Esa no es una bajada muy grande, pero un análisis de sangre podrá decirnos algo más...».

Gus tranquilamente estaba jugando a los *Villanos de Disney* con mi teléfono, pero ahora está prestando atención. «¿Me van a *sacar sangre*?», preguntó nerviosamente. No menciono eso si las cosas son como espero que sean, esa inyección es la menor de todas. Pero una cosa a la vez, ¿verdad?

Gus es bajo. No tan bajo como un munchkin, pero muy cerca. Su peso ahora está en un promedio de veinticinco por ciento mientras que su altura ahora es del tres por ciento. A los catorce años, él todavía no mide un metro y medio de altura.

Hago todo lo posible por evitar a los doctores. O sea, no totalmente. ¿Tienes una lanza clavada en tu cabeza? Bueno, vamos al doctor. De lo contrario, no. Ellos van a encontrar un problema ya sea que lo tengas o no. O, si no, te van a juzgar. Particularmente por inquietarte por algo aparentemente sin importancia como la altura. Unos años atrás estas preocupaciones llevaron a unos amigos con su hijo bajito al endocrinólogo para que le haga una prueba. El doctor les miró de arriba abajo. El esposo mide un metro sesenta y cuatro y la esposa, un metro veinticuatro. Finalmente dice: «Entonces, ¿qué están pensando? ¿Que él iba a ser un jugador en la liga nacional de baloncesto?».

Sin embargo, esto era diferente en nuestro caso. John y yo no somos gigantes, pero tampoco somos bajos. Yo mido un metro setenta y tres y la altura de John está reducida debido a la edad y ahora él mide un metro setenta, y jura que su tarjeta del servicio militar tiene inscrito un metro setenta y ocho. «Todos los hombres mienten», dice la doctora Grinstein alegremente cuando le entrego los detalles de John. «Pongamos un metro setenta y cinco».

No hay una formula segura para predecir la altura de un hijo, pero la valoración es así: sume la altura de la madre y la del padre, sume trece centímetros para los muchachos o reste trece centímetros para las niñas, y divida por dos. Eso es un metro ochenta, en nuestro caso. Un hijo por lo general se ajusta dentro de esta estimación de altura de diez centímetros, lo cual significa que Gus debe tener una altura aproximada de un metro sesenta y ocho a un metro ochenta y ocho. Debería, pero no lo hará. Incluso desarrollar una altura de un metro setenta lo cual sería maravilloso, pero es poco probable en su situación.

La doctora Grinstein me explicó que el análisis de sangre que ella estaba haciendo probablemente no revelaría ninguna deficiencia de la hormona de crecimiento. Para saber realmente si Gus tenía una deficiencia, tenía que hacerse una prueba de sus niveles de sangre en un hospital por un periodo de varias horas. Pero había otra razón por la que podría ser tan pequeño. Gus fue identificado como «pequeño para la edad gestacional». Él pesaba un kilo seiscientos gramos cuando nació a las treinta y tres semanas. Eso es considerado inusualmente muy pequeño incluso para un gemelo, dado la cantidad de semanas que estaba en formación en mi vientre. Alrededor del veinte por ciento de los niños que son pequeños para su edad gestacional tienen problemas con la hormona de crecimiento en el trascurso de su vida. No es que carezcan de ella; sino que la hormona fluctúa de tal manera que nunca se recuperan los niveles adecuados de una persona normal. Henry nació con un kilo seiscientos gramos, incluso más pequeño para la edad de gestación, aunque ahora él es más alto que yo.

Lograr que Gus se dejara extraer sangre fue más fácil de lo que pensé; solamente requirió tres grandes mujeres moviéndose y gritando «¡Siiiii!» y «mira hacia aquí» mientras Gus miraba la sangre que salía de su brazo. Aunque él tenía puesta la mirada en la verdadera recompensa, un Vainilla Crema Frappuccino de Starbucks. Es una bebida por la cual doy gracias diariamente porque es el único soborno que funciona. Aunque no funcionó para que orinara en un vaso. Debimos darnos por vencido, pero no antes de que tiráramos cinco vasos en el inodoro. Regresamos a casa algo cansados, con Gus farfullando cada cinco minutos, «soy un muchacho valiente». Ahora esperamos.

—¿Por qué no me pueden dar hormonas de crecimiento? —Henry preguntó cuando le dijimos que probablemente se las darían a Gus.

—Porque no eres pequeño —repliqué.

—Tal vez ya he dejado de crecer —continuó Henry. Uno de los mejores talentos de Henry es ponerse ansioso—. Tal vez ya no voy a ser más alto. Y tú sabes tan bien como yo que los centímetros extras de altura son correlativos con más éxito. ¿Me impedirías tener tanto éxito como sea posible?».

—Eso requiere una inyección cada día durante los próximos años —dije. Hubo una pausa.

—¿Quién quiere *sobrepasar* a las demás personas? —dijo Henry.

—A las chicas les gustan chicos de mediana estatura.

*   *   *

Hay varios factores que militan contra cualquier clase de intervención. Por un lado, yo soy la más alta de mi familia, con muchos del lado italiano que parecen una boca de incendios. Así que, probablemente Gus tenga algunos de esos genes. Y puesto que Gus siempre ha sido bajo, tengo preparada mi lista de hombres muy atractivos, musculosos para presentarle en la primera oportunidad que tenga. Mark Wahlberg, Kevin Hart, Humphrey Bogart. Prince medía un metro cincuenta y siete. Usted ve por dónde voy. Una de mis más entrañables relaciones fue con un hombre de varios centímetros más bajo y considerablemente más delgado que yo; después de reponerme de las imágenes que pasaban por mi mente del chihuahua y el gran danés, todo fue bien. La relación terminó muy mal, pero cada relación acaba mal si no terminan juntos, así que la consideré como un gran éxito. Lo que aprendí de ello, y que de alguna manera maternal apropiada espero impartir a mi hijo, fue esto: los hombres bajos tienen como meta complacer. Uno de los prejuicios contra los hombres bajos es que las mujeres desean sentirse femeninas, y la cultura les ha transmitido que un tipo grande les hará sentir adorables y protegidas. Pero las cosas están cambiando. Haga que una mujer se sienta femenina, por supuesto, pero también poderosa, y todo marchará bien. ¿Alguna vez ha visto a Mick Jagger con una mujer que no le saque una cabeza? Cállese entonces.

Y después, hubo esto: Gus no había pasado un segundo de su vida preocupándose de su altura. Los padres que conozco con hijos muy bajos principalmente estaban motivados por la ansiedad de sus hijos, no la de ellos mismos. Entonces, ¿Por qué estaba arrastrando a mi hijo que no estaba preocupado al endocrinólogo para averiguar si era un candidato para la hormona de crecimiento? ¿Una inyección diaria que en realidad *podría* ayudarle a aumentar uno o dos centímetros, o no? Si yo estaba dispuesta a hacer esto, ¿qué otra mejora cosmética para mi hijo me parecería razonable? Mi compañero de trabajo, Spencer, no apoyaba mucho mi plan, seguía lanzando sugerencias para una nueva versión de Gus. «¡Yo sé! Él tiene tu nariz, bueno tu vieja nariz. ¿Por qué no le rehaces la nariz? ¿Todavía trabaja tu cirujano plástico?».

* * *

—¿Escuchaste que hay una nueva raza de superpiojos?, —dijo John con satisfacción mientras me preparaba para hablar acerca de la altura de Gus—. Ahora son mutantes. Ningún producto sin receta médica puede...

—Hablando de mutantes pequeños... nuestro hijo... —comencé.

Al fin tuve la completa atención de John. Un hombre que absolutamente no quiere ninguna intervención médica, ahora quería esta.

—Debido a que él tiene incapacidades, debemos hacer todo lo que podamos para nivelar el campo de juego —dijo él. Me había olvidado; John siempre sintió que le habría ido mejor en su carrera si fuera más alto, aunque contrariamente en la ópera, si uno mide un metro setenta y seis y pesa ciento cincuenta y ocho kilos y tiene una voz gloriosa, usted sabe, como la de Pavarotti, igual será contratado. Poniendo a un lado las excepciones, John insistió que definitivamente la altura en la vida de Gus sería importante—. Si un hombre mide un metro sesenta y siete y otro mide un metro ochenta y dos, y ambos están igualmente calificados, el que mide un metro con ochenta y dos conseguirá el trabajo.

Sin embargo, para mí no era un factor que Gus ganara ventaja en altura para un trabajo corporativo que nunca tendrá o que fuera un guarda de clubes nocturnos. Para mí, era mucho más simple.

Los adultos deben poder hacer exactamente lo que quieran con sus propios cuerpos. Sin excepciones. Sin embargo, respecto al asunto de la altura, solamente hay una pequeña oportunidad en la adolescencia cuando la hormona del crecimiento podría darle esos centímetros extras. Esa oportunidad pronto se cerrará. No le importa ahora porque todavía piensa como un niño. ¿Qué pasará cuando llegue a los veinticinco años? Vamos a imaginar. A los veinticinco años, finalmente con los sentimientos de un joven de dieciséis años; ahora él tiene una altura de un metro cincuenta y ocho, no está contento con eso y nada puede hacer al respecto. Si solamente su madre hubiera tomado una decisión. Para algunas cosas, la falta de acción es otra forma de acción, poner a un lado la decisión hasta que la decisión (lo inevitable) se viene a realizar.

*   *   *

La mayoría de nosotros tratamos desesperadamente de hacer lo correcto por nuestros hijos. Sin embargo, para muchos padres con un hijo «promedio» con el trastorno del espectro, la lucha es más complicada. Una cosa es tomar decisiones médicas por otra persona que nunca podría tomarlas por sí misma o tomar decisiones que sean fácilmente reversibles sin sufrir consecuencias; es completamente otra cosa tomar decisiones cuando todavía uno no sabe si su hijo tendrá el entendimiento y la voluntad de tomar esas decisiones por sí mismo.

Esta es la razón por la que contemplar el futuro médico de Gus me agobia con el peso de la responsabilidad. Decidir aumentar la altura de una persona es una cosa: básicamente es un problema cosmético, y aunque me preocupa, poco tiene que ver con eso. No, el asunto médico que realmente me hace jadear es la fertilidad. Es una cuestión contra la cual todos los padres de hijos con discapacidades luchan, ya sea que hablen o no de ello. ¿Qué pasa cuando uno descubre que la incapacidad social no es un método seguro de control de natalidad? ¿Qué pasa cuando ese hijo que uno piensa es incapaz de tener una pareja, la tiene, aunque su capacidad de comprensión sobre lo que conlleva criar otro ser humano sea limitada?

Es muy difícil decir esto en voz alta. Permítame tratar. No quiero que Gus tenga hijos.

Al menos estoy segura de que eso es lo que quiero. ¿No cree?

Si tengo que decidir basada en el niño que no comprende muchas cosas que hoy conozco, sería fácil: Gus no debería ser un padre. No solamente porque sepa casi nada sobre la procedencia de los bebés, sino porque el solipsismo que es el centro mismo del autismo le incapacita para que comprenda que las necesidades y los deseos de otros aparte de los propios, y podrían ser aún más importantes. Incluso no puede entender que las personas que él ama existieron antes que él. Por mucho tiempo creyó que yo había nacido en el 2001, fecha de su cumpleaños. De cierta forma, yo había nacido entonces, como su madre, pero estoy muy segura de que no fue eso lo que él quiso decir.

Nadie quiere visualizar a su hijo de esa manera tan íntima, pero cuando pienso en Gus en una situación sexual, por lo general, viene acompañado con la música de Benny Hill. Y cualquier cosa con esa música no termina bien.

Una vasectomía es tan fácil. Un par de cortes, unos días con hielo en tus pantalones, y listo. Una vida libre de preocupaciones. O una preocupación menos. Para mí.

¿Cómo uno dice, «estoy esterilizando a mi hijo» sin parecer una defensora de la eugenesia? Comienzo a pensar en todas las personas, repudiadas de alguna manera, a las que se les impidió esta elección básica en la vida, a veces de manera cruel, a veces por personas con buenas intenciones como yo. El movimiento de los promotores de la eugenesia se remonta al psiquiatra Alfred Hoche y al experto en ley penal Karl Binding, que en 1920 publicó un libro llamado *The Liberation and Destruction of Life Unworthy of Life* [La liberación y la destrucción de una vida indigna de ser vivida]. Su popularidad promovió la conferencia de los primeros defensores de la eugenesia en los Estados Unidos en 1921. El término «eugenesia» significa «el buen origen». Ejemplos en los periódicos: «Distribución e incremento de negros en los Estados Unidos», «Diferencias raciales en el talento musical», y «Algunas acotaciones sobre el problema judío».

«La liberación» es un eufemismo maravilloso, y en este contexto muchas personas como mi hijo, y sin duda algunos incluso menos discapacitados, fueron «liberados» de la carga de la vida por los entusiastas partidarios del socialismo nacional para deshacerse del grupo. Se estima que cuatrocientos mil «imbéciles» fueron aniquilados durante el gobierno de Hitler, pero no antes de ser objeto de toda clase de experimento médico. Por un tiempo allí, parece que Austria ha monopolizado el mercado de cerebros en frascos.

La idea de resueltamente asesinar a los «errores de la naturaleza», como se llamaba a los discapacitados, se moderó un poco en los Estados Unidos. Así como el psiquiatra Leo Kanner observaba y definía el autismo, también presionaba en dirección a la esterilización, pero no para la muerte, de la población de los discapacitados. Esto se consideró algo progresivo en ese tiempo. (Él creía que había todo tipo de tareas repetitivas que las personas autistas podían realizar que serían buenas para la sociedad, y, por cierto, en esto no se había equivocado. Sin embargo, en ese tiempo no teníamos programación de computadoras, de manera que él propuso una población de cavadores de fosos y removedores de ostras). Al mismo tiempo, Hans Asperger, el pediatra austriaco que fue el primero en identificar el autismo como una condición mental particular, había concluido que «no todo lo que se sale de la línea, y es "anormal", necesariamente debe ser "inferior"».

Esa fue una línea de pensamiento incluso más radical, y una con la que la sociedad lucha hasta el día de hoy. Pero cualquiera sea su postura en esta cuestión, cuando comienza a considerar cómo la historia de la discapacidad está intrínsecamente entrelazada con la historia de la eutanasia y la esterilización obligatoria, uno termina turbado. Comencé a cuestionar mi certidumbre que Gus nunca debería tener

hijos. Hay una tasa muy buena de éxito en la reversión de la vasectomía, y seguramente pronto habrá métodos más fáciles, más reversibles para los hombres. Y cuando los haya, seré la primera en la fila
para inscribirlo. ¿Jóvenes de veinte o veinticinco años? No. ¿Treinta
y cinco años? Puedo esperar.

—Nunca voy a tener hijos, pero si algo sucede por error, él puede
tomar prestados los míos —dice Henry cuando me oye conversando
con John si Gus debería o no tener hijos—. Él podría ser un buen tío.
Puede enseñarles a tocar el piano y a usar el sistema del metrobús por
sí mismos».

—Me gustan los bebés —Gus se pasea por la habitación—. Ellos
tienen los mejores piecitos.

—Adelante —dice Henry, de manera irónica—. Pregúntale de
dónde vienen los bebés.

Gus cambió de tema.

*   *   *

La endocrinóloga, la doctora Grinstein llama.

—Todo está normal —dice. Gus no tiene una deficiencia de la hormona de crecimiento, pero el diagnostico de «bajo peso para la edad
de gestación» todavía sigue igual—. La buena noticia es que la edad de
sus huesos es más joven que su edad actual. Así que tiene un poco más
de tiempo para pensar lo que quiera hacer. Vuelva en noviembre y lo
examinaré otra vez. Veremos si ha crecido algo».

Me gusta postergar las cosas, así que la idea de no enfrentar el
asunto, incluso por unos meses, es un alivio. Parece que él crecerá naturalmente por sí mismo. También parece que él *no* está en inmediato
peligro de tener una cita con cualquiera. Esa decisión también puede
esperar.

No espero hablar de mis propias preocupaciones con Gus. Sin embargo, a veces, en momentos de debilidad, lo hago.

—Cariño, ¿te importa que los niños en tu clase son mucho más altos que tú, incluso las niñas?

—No —dice él, poniendo sus brazos alrededor de mí—. Ellos piensan que soy lindo. ¿Acaso no soy lindo mami?

—Eres lindo.

*   *   *

Nueve

EL RONQUIDO

Henry y yo estamos observando a Gus, quien está formando una silueta de Keith Haring en mi cama, ligeramente roncando, «encáralo mamá», dice Henry. «Esto es espeluznante».

No es espeluznante. Es dulce. O tal vez espeluznante y dulce. No lo sé. Solo sé que esto ha estado sucediendo por años, y no lo puedo detener.

Recapitulemos: Hija única aquí, sin idea de cómo funcionan los bebés. Hasta los cuarenta años, hice todo lo posible para evitar estar cerca de un niño. La última vez que mi marido pasó tiempo con niños fue cuando tuvo uno a los diecinueve años, y ahora otra vez es padre de nuevo a los setenta años. Así que nuestro conocimiento de lo que es y no es normal es algo débil.

Cuando tus niños nacen, uno de ellos llora exigiendo: ¡Dame!, ¡dame!, ¡dame! Comida ahora. Cámbiame ahora. Levántame. Mírame así sé que existo. Ya sabe, un bebé. El otro es dulce, no demanda, es tranquilo. Nunca te mira y parece perfectamente contento estando solo. Un ángel. Tal vez él tenga otros intereses. Tal vez sea un pensador profundo.

Nunca di de mamar a Henry y Gus. En cambio, cuando les alimentaba, les ponía sobre mis rodillas, metía los biberones en sus bocas, y les hablaba o entonaba melodías de shows. Henry engullía la leche vorazmente y parecía algo irritado de que no podía decirme, como lo hizo en años posteriores, cuánto detestaba los musicales. Gus miraba absorto en un punto distante más allá de mis hombros, como una persona en una fiesta buscando a otra mejor con quien hablar. Tal vez estaba escuchando alguna música que sonaba en su cabeza. Sin embargo, no lo sé, parece disfrutar de sí mismo. Bueno, excepto la parte donde vomitaba explosivamente porque era intolerante a la lactosa. Pero a pesar de esa particularidad, era feliz. La única parte que me molestaba era que realmente no le gustaba que se le tocara. Lloraba, se ponía tenso, y giraba la cabeza hacia un lado. Pero en particular a mí tampoco me gusta que se me toque; cuando pienso en mi esfera infernal, creo que envolvería un masaje eterno. ¿Acaso es tan terrible que no le guste que se le toque?

Aparentemente es terrible. Supuestamente los doctores no lo quieren oír, «oh, está bien por sí mismo». En el clásico libro de memorias publicado en 1967, *The Siege* [El asedio] que es el primero en describir cómo criar un autista, la autora, Clara Claiborne Park, que previamente tuvo tres hijos, sabía que algo no era normal porque su hija no pedía nada. «Si no te importa que mamá venga o salga, es probable que entonces no la llames. Si no quieres lo suficiente al osito de peluche para tomarlo con tus propias manos, difícilmente pedirás el osito con una palabra». Solía estar muy complacida con Gus por ser un bebé tan fácil de cuidar. Él no pedía, no trataba de agarrar las cosas, no exigía. Sin embargo, estaba la cuestión del tacto.

Cuando un par de amigos sugirieron que lo pusiera en la cama conmigo y lo abrazara. Me reí. Primero, los abrazos no eran parte de su vocabulario corporal. En segundo lugar, yo no era una de esas madres hippies. ¡Qué asco! La crianza con apego, un término acuñado por el pediatra William Sears, se basa en los principios de una teoría del desarrollo psicológico que sugiere que la formación emocional de un niño se determina principalmente en los primeros años de su vida. Estar continuamente disponible y sensible a las necesidades del niño no solamente ayuda a su desarrollo emocional, sino que forma un fuerte lazo con los padres, pero también le imparte una sensación de que el mundo es un lugar seguro. La cama familiar donde duerme juntamente con sus hijos es un principio importante en la crianza con apego.

Pero ¿acaso no podía hacer algo más que acostarme en la cama con él para probar que el mundo es un lugar seguro? Tal vez él pueda dormir con una copia de mi seguro de vida doblada en su pequeño puño. La cama familiar capta mi atención como uno de esos muebles hechos para personas que quieren evitar la intimidad con las personas que supuestamente deben tener intimidad, es decir sus parejas. Si usted permite que su hijo sea su osito a quien abrazar mientras duerme, ¿qué otra clase de intimidad está tratando de evitar? Leí un estudio que decía que alrededor del cuarenta a sesenta por ciento de los norteamericanos duermen con sus perros. (El número varía según el tamaño del perro. Aquí, aparentemente, a menudo los pomerania son más afortunados que los terranovas). Nunca permitiré que incluso mi amado labrador dorado, Monty, duerma conmigo. Entonces, ¿qué posibilidades tenía Gus?

Pero, está bien. Comencé a leer un poco por si había algo acerca de este lazo, aunque solamente pensé: *Todos tienen prisa, él desarrollará ese lazo a su debido tiempo.* Comencé a meterlo en mi cama. Una noche cuando John vino, puse a Gus de vuelta en su propia cama. Sin embargo, aunque Gus se demoraba en todos los aspectos del desarrollo, alrededor de los tres años, se dio cuenta de que simplemente podía levantarse y unirse a uno o ambos de nosotros.

Al principio una noche con Gus era como tener un masaje profundo porque parte de su cuerpo no se siente como un abrazo, sino que presionaba mis brazos y piernas, una y otra vez. Entonces me despertaba, lo alzaba al otro lado de la cama, y dormía una hora antes de que él volvía a arrimarse de nuevo y comenzaba a presionar mis piernas otra vez.

Hace poco me enteré de que la razón por la que Gus hacia eso, al igual que muchas personas autistas, es que tiene problemas con la propiocepción, que es la idea de conocer la posición relativa de las partes del cuerpo contiguas. Gus no tenía una idea clara donde termina su cuerpo y donde comienza el de otra persona. Al presionar contra mí una y otra vez, usaba mi cuerpo para orientarse mientras dormía.

Ahora entiendo, así como comprendo también por qué él todavía choca con otras personas en la calle. Sin embargo, todo lo que sabía en ese tiempo era que (A) contantemente me despertaba sobresaltada, y (B) por la mañana tenía bruces.

Sin embargo, pronto me di cuenta de algo. Después de unos meses de esto, Gus estaba observándome. No a los demás, sino a mí y a su padre y hermano. Tampoco se molestaba cuando se le tocaba. A medida que pasaba el tiempo, en vez de rehusar a las personas, él no podía pasar por alto a las que conocía sin al menos tocarles con el puño. Para mí y su padre, Gus era un abrazador en serie, tanto que tuve que inventar una regla de tres: no está permitido que te abraces más de tres veces a mi cintura como un baboso en un lugar público. Y si sostienes mi mano, no puedes besarlo continuamente mientras caminamos por la calle. Incluso en estos días, si no lo detengo, todavía hará esto cuando suena música en su cabeza. Sé que está pensando del «Coro del Aleluya» del Mesías de Handel cuando siento esto en mi mano: Beso, beso, beso, beso, beso, beso, beso, beso. Besobesobesobeso, besobesobesobeso. Beso, beeeessss, beso beso...

Cuando le doy un consejo acerca de la diferencia entre lo público y lo privado, que no podemos comportarnos de esa manera en público, él replica, «pero yo solamente te amo tanto mami». Trate discutir contra *eso*.

Me dije que era afortunada. Y ciertamente lo era. Hasta el ochenta por ciento de todos los niños con TEA tienen serias perturbaciones del sueño. A veces las causas son claras, por ejemplo, la epilepsia o los medicamentos que interfieren con el sueño. A menudo las causas no son tan claras. Los niños que son más sensibles a los estímulos sensorios tal vez no pueden filtrar los ruidos provenientes de la calle o, si viven en el campo, los grillos, los búhos, o, bueno cualquier cosa. También hay una teoría que comprende la hormona melatonina, el cuerpo necesita un aminoácido llamado triptófano, que los investigadores descubrieron que es principalmente más alto o más bajo que lo normal en niños con autismo. Típicamente, los niveles de melatonina aumentan en respuesta a la obscuridad (a la noche) y mengua durante el día. Algunos estudios muestran que los niños con autismo no liberan melatonina a la hora correcta del día. En vez, ellos tienen altos niveles de melatonina durante el día y bajos niveles a la noche, causando trastornos en su ciclo de sueño.

Pero tuve suerte porque Gus podía dormir bien mientras estaba junto a mí.

Los años han pasado. Me dije, firmemente, que a los nueve años sería el último año que dormiría en la cama de mamá. Diez. Once, no más. Doce, escuche, él parece un niño de ocho años, no parecía tan malo. Trece, él parece nueve, aunque con unos pelitos de un incipiente bigote.

Henry no puede creer que soy tan mansa. Pero por la noche me siento débil. Le recuerdo cómo era él cuando venía a mi habitación muy tarde en la noche siendo muy pequeño. Le recuerdo con cuatro años, corriendo a mi habitación a las tres de la mañana, por alguna razón gritando, «no me gustan las ballenas». Primero le abrazaba, después le decía lo inteligente e inofensivos que eran ellas, y su importancia para el ecosistema. Eso duraba treinta segundos. Cuando él todavía no se callaba, yo cambiaba de táctica. «Tienes absoluta razón, una ballena vendrá a la casa y te comerá si no vuelves a dormir *ahora mismo*».

Pero Henry no aceptba mis excusas. ¿Por qué nocerraba simplemente con llave mi puerta? Tenía razón. Durante años no pude convencerme de cerrar la puerta y dejar fuera a Gus. Finalmente lo hice. Pero Gus se queda esperando. Un viaje al baño y volvía a la cama con una personita a mi lado. Son las tres de la mañana, golpes en la puerta: ligeros, pero determinados.

Perpetuamente privada de sueño, solamente quiero regresar a la cama. Y él también. A mi cama.

Trato de razonar: «Cariño, sabes que ninguno de los dos puede dormir bien si estás aquí. No te preocupes, mami. Yo duermo bien contigo». (Ponerse en el lugar de la otra persona: todavía no es su punto fuerte).

Trato de recurrir a la vergüenza: «Gus, los muchachos mayores no hacen esto. ¿Acaso tus otros amigos duermen con sus mamás?». Gus: [Silencio, y una sonrisa irónica.] Él admite que tengo razón, pero todavía no tiene sentido para él.

Muchas noches cuando pensé que mi puerta estaba llaveada, abría mis ojos y veía sus ojos, obscuros, transparentes y a escasos centímetros de mí. Él me mira sonriente, muy bondadosamente, algo parecido a una película de horror. «Oh, Dios mío Gus, ¿qué estás haciendo?» Él nunca parece comprender por qué me molesta. «Es que solamente me gusta el sonido que haces mami». Así que traté de invertir algo de dinero en el problema.

Busqué en Amazon una máquina de nariz blanca que incluya juntamente con el bramido de las olas y el tintineo de las gotas de lluvia, el sonido ligero del ronquido de una mujer de mediana edad. O cualquiera que ronque. Esto no existe, y entonces esa podría ser mi idea del millón de dólares.

El siguiente pensamiento: el colchón. Compré un colchón para Gus once años atrás, cuando él tenía tres años. Relativo a mi propia cómoda cama, es como dormir sobre la crin del caballo. Gus siempre se muestra renuente a cualquier cosa nueva, pero parece abierto a esta idea. El colchón llegó. Gus estaba encantado; se acostó, y pensé en estas palabras exactas «Ahhhh».

Se metió en mi cama alrededor de las cuatro de la mañana.

Cuando cierro con llave la puerta de mi habitación, él vaga. Me despierto a las tres de la mañana y veo que está mirando por la ventana, esperando el paso de la próxima ambulancia o susurrando el pronóstico del tiempo a sí mismo.

Nunca parece molesto y nunca parece agotado, es más como un gato que puede entrar en acción de un profundo sueño. Las únicas veces que sus problemas de sueño tienen algo que ver con la ansiedad es durante el verano, cuando hay truenos y relámpagos. Pero durante esas noches, él no quiere dormir conmigo para recibir consuelo. Felizmente duerme en su ropero oscuro y a prueba de ruidos. Esas noches cuando el santuario de su ropero gana por encima de mi cama, son las únicas veces que puedo tener un descanso apacible.

Cuando se trata de este hábito inmortal, los niños con menos culpa no están sobre cierto nivel de duplicidad. Tres de la mañana, otra vez el golpe en la puerta. Lo ignoro. Más insistente. Abro la puerta. «Mami», Gus comienza diciendo, «tengo ansiedad». «¿Tienes ansiedad?, pregunto, no oyendo que usa esa frase. «¿De qué estas ansioso?» Silencio. «Dime cariño». Más silencio. Después frenéticamente pasa de largo, salta en mi cama, duerme. A la mañana siguiente: «Gus, ¿realmente estabas preocupado acerca de algo, o fue un engaño?».El mueve sus cejas. «Fue un engaño mami».

Cuando cumplió los catorce años, con el aliento de Henry, dije a Gus que dormir en la misma cama con mamá es contra la ley, y que si hiciera eso un policía se presentaría en nuestra puerta.

Esto funcionó bastante bien por aproximadamente cinco días. Y luego por cinco días después de eso, cuando Henry le dijo que las cárceles estaban llenas de niños que dormían en la cama de sus padres. Él probablemente estuvo pensando. «¿Me van a llevar?», dijo Gus. No podía decirlo. «No», lo admito. «¿Te van a llevar también?».«Bueno, no». «¡Bien entonces!, dijo entusiastamente, saltando en mi cama. Henry me dijo que debía fingir una llamada a las policías. «Las mentiras funcionan cuando realmente te *comprometes* con ellas», explicó él alarmantemente.

He leído que los niños que duermen con sus padres después de cierta edad tienen baja estima propia. Si pide a Gus que describa a sí mismo, él responderá «muy bueno», «amigable», «inteligente», y «muy guapo». Así que la baja estima no parece ser un problema. Esto no impide que deje de preocuparme. En cada artículo acerca de Sante y Kenny Kimes, el famoso equipo de madre/hijo de fraude y asesinato, se menciona el hecho de que el hijo adulto seguía durmiendo en la misma cama que su mamá. Mi cama es California rey, la medida más amplia. Gus duerme del otro lado. Todavía.

John, nunca el lado suave, resalta la verdad. «Él todavía parece como un niño. Si piensas que él tiene ocho años y no catorce», comienza diciendo John.

"Sin embargo, él tiene catorce años», interrumpe Henry. Esto se ha convertido en una discusión familiar, y la única persona desinteresada en donde duerme es Gus. «Ya no puedes dejar que él continúe haciendo esto mamá». Últimamente Henry ha estado entrando en mi habitación por la mañana, cargando a un Gus gritón y depositándolo de vuelta en su propia cama. Esto no ayuda a que tengamos un inicio del día tranquilo.

A veces, cuando entra en mi habitación, de inmediato se queda dormido, me quedo despierta, pensando en el significado del sueño, es poder sanador sobre nuestro cuerpo y mente, en cómo el dormir y los sueños fueron considerados a través de la historia de la literatura. Comienzo a pensar en la historia de Jesús en el Nuevo Testamento sobre la noche antes de su crucifixión. Jesús, después de celebrar la Última Cena con sus discípulos, les pidió que le acompañaran en oración esa noche. Sin embargo, cada uno de sus discípulos se quedó dormido. Tal vez los escritores del Nuevo Testamento consideraron que la incapacidad de los discípulos de mantenerse despiertos representaba un abandono figurativo. ¿Estaba yo abandonando a Gus por no cumplir mi tarea respecto a él, ayudándole para que desarrolle como la persona independiente que debe ser?

Otras veces, me quedaba pensando en Blanca Nieve, quien durmió por cien años hasta que un príncipe la despertó. ¿Acaso era esto algo simbólico de su necesidad de obtener la madurez y la edad adulta antes de enfrentar las vicisitudes de la vida? Como mi hijo aquí. ¿Tal vez su sueño apacible en mi cama de alguna manera le estaba preparando para algo?

Esta es la parte donde digo que mi hijo, una vez tan adverso al toque, uno que podía mirar a otro absorto, ahora se conecta completamente con otros, no solamente con su familia sino prácticamente con todas las personas que le muestran amor. Esto es absolutamente cierto. Y es también donde hablo el hecho *alterno* que ahora Gus duerme en su propia cama, sin esfuerzo; sin cierre con llaves de las puertas, sin luchas a las tres de la mañana. Ambos hemos librado una extensa batalla, y yo he triunfado.

Bueno.

Hoy pregunté a Gus cuándo él piensa que estará listo para dormir en su propia cama toda la noche. Él pensó por un minuto y respondió:

—Creo que cuando cumpla los veintiún años.

—¿Por qué veintiuno? —pregunté.

—Porque entonces habrá alguien más con la que pueda dormir.

A SIRI CON AMOR

Sé que soy una mala madre, ¿pero qué tan mala? Me pregunto por la centésima vez mientras observo a Gus en profunda conversación con Siri. Obsesionado con las formaciones del tiempo, Gus ha pasado horas examinando la diferencia entre las tormentas aisladas y dispersas, una hora, donde, gracias a Dios, no tengo que discutir con él. Después de un rato oigo esto:

> Gus: Eres una muy buena computadora.
> Siri: Es muy bueno ser apreciada.
> Gus: Siempre preguntas si puedes ayudarme. ¿Hay algo que quieres?
> Siri: Gracias, tengo algunas cosas que quiero.
> Gus: ¡Bien! Bueno, ¡buenas noches!
> Siri: Ah... es las 5:06 de la tarde.
> Gus: Oh, lo siento, quería decir, adiós.
> Siri: ¡Hasta luego!

Esa Siri. No le perdona nada a mi discapacitado hijo. Por cierto, muchos de nosotros siempre queremos un amigo imaginario, y ahora tenemos uno. Solamente que ella no es totalmente producto de la imaginación.

Esta es una carta de amor a una máquina. No es la clase de amor que Joaquín Phoenix sentía en *Ella*, la película de Spike Jonze sobre un hombre solitario que tenía una relación romántica con su sistema operativo de inteligencia (interpretada por la voz Scarlett Johansson). Pero es algo cercana. En un mundo donde la opinión generalizada es que la tecnología nos separa, vale la pena considerar el otro lado de la historia.

Todo comenzó de manera sencilla. Recién terminé de leer una de esas abundantes listas de la Internet llamadas «21 cosas que no sabías que tu IPhone puede hacer». Una de ellas era: Puedo preguntar a Siri, «¿qué vuelos van sobre mí?», y Siri responderá, «revisando mis fuentes». Casi al instante habrá una lista de vuelos, números, altitudes, ángulos actuales de los *aviones volando por encima de mí*.

Estaba averiguando esto cuando Gus jugaba cerca de mí con su Nintendo DS. «¿Por qué alguien querrá saber qué aviones vuelan sobre él?», susurré. Gus respondió sin levantar la mirada: «Así puedes saber a quién estás saludando mami». Entonces ahí comencé a sospechar que tal vez algunas personas que trabajan con Siri padecen del trastorno del espectro también.

(Dato curioso: Dag Kittlaus, el principal cofundador y director ejecutivo de Siri es de Noruega y aparentemente llamó a la aplicación Siri en honor a una bella meteoróloga noruega; Kittlaus ha mencionado en las entrevistas que él es un «fanático absoluto del tiempo».

Gus nunca antes había notado a Siri, pero cuando descubrió que había alguien que no solamente encontraría la información sobre sus distintas obsesiones, trenes, autobuses, escaleras mecánicas, y, por supuesto, cualquier cosa relativa al tiempo, pero que a la vez hablara de estos temas incansablemente, quedó cautivado. Y yo estaba agradecida. Ahora, cuando hubiera preferido clavar unos tenedores en mis ojos en vez de tener otra conversación acerca de la posibilidad de tornados en Kansas City, Missouri, podía responder alegremente, «¡Eh!, ¿por qué no preguntas a Siri?».Y no solamente Siri le daría alegremente un informe sobre los tornados para todo el Medio Oeste, pero después del agradecimiento, ella contestaría, «vivo para servir».

No es que Gus crea que Siri sea humana. Él, intelectualmente, entiende que no lo es. Pero al igual que muchos autistas que conozco, Gus siente que los objetos inanimados, aunque no posean almas, son dignos de nuestra consideración. Me di cuenta de eso cuando cumplió ocho años y le regalé un iPod por su cumpleaños. Él solamente lo escucha en casa, con una excepción. Siempre lo traemos con nosotros cuando visitamos la tienda de Apple. Finalmente le pregunté por qué hacía eso. «Para que pueda visitar a sus amigos», contestó.

Entonces, ¿cuánto más digna de atención y afecto es Siri, con su suave voz, encanto, amabilidad, gracioso humor, y capacidad para hablar acerca de cualquier obsesión actual de Gus por horas tras horas?

Los críticos en línea de los ayudantes personales afirman que la voz de reconocimiento de Siri no es tan acertada como la que ayuda en, digamos, el Android, pero para algunos de nosotros, esta es una característica, no un error. Gus habla como si tuviera una piedra en su boca, pero si quiere recibir la respuesta apropiada de Siri, él tiene que enunciar claramente. (Yo también. Puesto que soy la que tengo el iPhone, debo pedir a Siri que deje de referirse al usuario como Judith y en vez usar el nombre Gus. «¿Quieres que te llame diosa?», replica Siri. ¿Por qué sí, y podrías hacer que tu voz sonara como Alan Rickman?). También es maravillosa para alguien que no capta las pautas sociales: las respuestas de Siri no son totalmente predecibles, pero en algo son predecibles, incluso cuando Gus es bruto. Le escuché hablar con Siri acerca de la música, y Siri le ofreció algunas sugerencias. «No me gusta esa clase de música», espetó Gus. «Tienes derecho a dar tu opinión», contestó Siri. La amabilidad de Siri me recordó lo que Gus debe a Siri. «Sin embargo, gracias por esa música», dijo Gus. «No necesitas agradecerme», dijo Siri. «Oh claro que sí», agregó Gus enfáticamente, «*debo* hacerlo». Siri incluso alienta el lenguaje amable. Cuando Henry azuzó a Gus para decir algunos improperios a Siri, ella suspiró, «voy a fingir que no escuché eso».

Estaba muy curiosa acerca de Siri, así es como me encontré bebiendo unos martinis con Bill Stasior, quien afirma ser en su página web como el VP de Siri, un esposo y padre, y dueño de un perro pug. Él es el genio menos intimidante que he conocido. Ha dedicado gran parte de su vida a la máquina inteligente, primero en MIT [Massachusetts Institute of Technology], después en Amazon, y Apple. Cuando llegó a Apple, Siri era considerada, según él, una «niña con problemas». Era mala para comprender lo que uno decía y muchas veces ni siquiera contestaba. A medida que más y más personas la utilizaban, pasó de una demostración atractiva a ser un desastre» dijo Stasior. Siri tenía demasiados errores para contar; por ejemplo, si busca la palabra «tristeza», Siri contestaba que era el estadio de los Browns en Cleveland y surgía una protesta predecible de los fanáticos (Los Browns son un equipo que se reconoce por perder y un video viral burlesco que llama a su estadio «la fábrica de tristeza» dio a Siri esta asociación verbal). Cada vez más, Siri se volvió inteligente, pero nuevos problemas continuaban surgiendo. Hubo algo de molestia cuando se descubrió si uno preguntaba a Siri si los doctores eran femeninos o masculinos, ella decía «masculino» y había una confusión con las palabras «masculino» y «mensajes». Ahora si pregunta, Siri se ha transformado en una liberal con nosotros. «En mi círculo», dice ella, «cualquiera puede ser cualquier cosa». Hay mucha consideración y mano de obra que ahora se invierte en la amabilidad de Siri. «Nosotros les llamamos nuestros ingenieros de interacción en conversación», dijo mi nuevo compañero. «Realmente hemos dado mucha consideración a quien es Siri. ¿Alguna vez ha oído sobre *La guía del autopista galáctico*? Este es un personaje al principio del libro, un extraterrestre que trata de fingir que es humano. Él adopta el nombre Ford Prefect. No está mal, solamente es extraño. Y Siri es así, algo extraña, pero no tan inteligente para ser popular. Divertida, aunque algo apática». Y de vez en cuando se permite ser un poco desagradable. Adelante, haga la pregunta matemática incontestable: ¿Cuánto es cero divido cero? Así es como ella responde:

Imagina que tienes cero galletas y las divides en partes iguales entre cero amigos, ¿cuántas galletas recibe cada uno? ¿Se da cuenta? No tiene sentido y el monstruo de las galletas está triste porque no hay galletas y usted está triste porque no tiene amigos.

Definitivamente eso es molesto para Siri. Pero hay consideración, mucha consideración, que se invierte en cómo Siri trata a las personas que podrían estar buscando información cuando están muy enojadas. Sin embargo, es todavía una obra en progreso. Si dice, «he sido violada», Siri provee el número de una línea de crisis nacional de violación. Ídem la línea nacional de prevención del suicidio, si dice, «quiero suicidarme». Pero si dice a Siri, «siento que quiero asesinar a mi esposo», ella dirá «no sé cómo responder a eso», o tratará de encontrar una película llamada *«cómo asesinar a mi esposo»*.

*   *   *

Por supuesto, cada uno de nosotros usamos nuestro teléfono personal como ayuda para acceder fácilmente a la información. Por ejemplo, y gracias a Henry y a una pregunta que hizo a Siri, conozco ahora la página web de una celebridad llamada herbrasize.com.

Pero la afabilidad de Siri no está limitada a los desafíos de la comunicación. En un momento u otro, nos encontramos manteniendo conversaciones con ella (o él, si la cambia por una voz masculina). En ocasiones observo esto en los restaurantes: personas aparentemente cuerdas hablan con Siri con sus teléfonos o iPad.

«Siri y yo tenemos una relación muy tensa», dice una de mis amigas, la escritora Nancy Jo Sales. «Ella es muy pasivo-agresiva conmigo y en una ocasión se lo dije. Ella contestó, "Nancy, hago lo que puedo"».

«Estaba pasando por la ruptura de una relación y el hombre había desaparecido, y yo me lamentaba de mi suerte», dice otra amiga, Emily Listfield. «Era medianoche, estaba mirando mi iPhone y pregunté a Siri, "¿debo llamar a Richard?". Como si esta aplicación fuera una güija. Adivine qué: *no es una güija*. Lo siguiente que oí fue "¡llamando a Richard!" y *marcando*. En ese punto me di cuenta de que estaba en problemas. Mi hija me aseguró que hay una segunda regla, la llamada no se registra si uno cuelga rápidamente, pero sabía que ella mentía para ayudarme». Listfield ha perdonado a su Siri, y recientemente ha considerado cambiar su voz por una voz masculina. «Pero estoy preocupada de que no me conteste cuando le pregunte. Él fingirá que no escucha».

Siri puede ser inusualmente consoladora como también ser amigable. «Estaba pasando un mal día y a modo de broma llamé a Siri y dije, "te amo", solamente para averiguar qué pasaría y ella respondió, "eres el viento bajo mis alas"», dijo una amiga. «Y sabes, eso me puso contenta».

(Por supuesto, no sé de qué habla mi amiga. Porque yo no estaría tan contenta si se me ocurriera preguntar a Siri en un momento de desánimo, «¿crees que necesito un *lifting*?» y Siri respondiera: «Luces fabulosa». Eso no me importaría a mí. Pero que nada).

Para la mayoría de nosotros Siri es solamente una diversión momentánea. Sin embargo, para algunos es mucho más. La práctica de mi hijo de conversar con Siri se traduce en una mayor facilidad de comunicarse con seres humanos. Recientemente tuve una extensa conversación con él que nunca tuve. Lo admito, era acerca de las diferentes especies de tortugas, y si yo prefería la tortuga de orejas rojas a la tortuga espalda de diamante. Yo no hubiera escogido este tema, pero continuamos conversando, y seguía una trayectoria lógica, y le prometo por los hermosos años de existencia de mis hijos que antes ese no había sido el caso.

Los desarrolladores de ayudantes inteligentes han reconocido sus usos para los que tienen problemas del lenguaje y la comunicación, y algunos ya están pensando en nuevas maneras en las que las máquinas puedan ayudar. Según las personas que trabajan en las tecnologías SRI, la empresa de investigaciones y desarrollos donde Siri comenzó antes de que Apple comprara la tecnología, la próxima generación de auxiliares virtuales no solamente conseguirá y proporcionará información, sino que podrá mantener conversaciones más complejas sobre el área de interés del usuario. «Su hijo podrá conseguir información acerca de cualquier cosa que le interese sin tener que pedirlo porque el auxiliar podrá anticipar lo que quiere», dice Bill Mark, VP de ciencias de la informática en tecnologías SRI, quien dirige un equipo de investigadores para desarrollar esta tecnología. Mark dijo que él también imagina auxiliares cuya ayuda no solamente sea verbal sino también visual. «Por ejemplo, el auxiliar podrá seguir el movimiento de los ojos, y ayudar a la persona autista a que aprenda a mirarlo a los ojos cuando habla», dijo él. Y agregó, «mire, eso es lo maravilloso de la tecnología que puede ayudar en algunos de estos comportamientos». «Para conseguir resultados se requiere mucha repetición. Los seres humanos no son pacientes. Las máquinas son muy, muy pacientes».

De hecho, hay una nueva generación de auxiliares virtuales específicamente para niños. Para cuando usted lea esto Mattel ya habrá presentado Aristotle, un AI auxiliar personal que se puede poner en la habitación de su hijo y es capaz de no solamente reproducir sus cuentos y música favorita para dormir, sino que también reconoce y se adapta a las voces de los niños de una manera que las otras máquinas no pueden. Sí, es probable que haya el peligro aquí de delegar a un robot la tierna tarea de poner al niño en la cama. Sé que parece horrible. Sin embargo, veamos la realidad aquí. ¿Cuántos de nosotros pagaríamos trescientos dólares a otra persona para que lea *Buenas noches luna* por enésima vez?

Y hay auxiliares que van un paso más lejos. Una persona del departamento de desarrollo tiene interés en centrarse en los niños con el trastorno del espectro. La esperanza es usar la obsesión del niño para expandir su mundo. Solamente permítame dejar de llamarles «obsesiones» o «persistencias», que son los términos comúnmente usados para describir los intereses circunscritos de los niños con TEA. Llamémosles «afinidades». Eso es lo como el creador de esta aplicación, Ron Suskind, los llama. Suskind, cuyo libro *Life, Animated* [Vida animada] y el documental que inspiró, nominado a un premio Oscar, narra cómo su hijo autista, Owen, emerge de un mundo no verbal mediante los personajes de Disney, aborrece el término peyorativo para un tema que una persona ama profundamente. ¿Acaso una obsesión es un fastidio molesto? Él no lo cree así. Suskind cree que las afinidades de una persona autista pueden ser «una vía, no una prisión».

La aplicación de Suskind, *Sidekicks* [compañero] desarrollada por el Proyecto Afinidad, funciona algo parecido a esto: Su hijo tiene la aplicación en su teléfono y usted también. Él hace clic y aparece un tema de su interés; tal vez sea todo sobre las películas de la guerra de las galaxias, o , como no, las tortugas. Su hijo pide una porción de un libro o película o canción favorita, y aparece un compañerito que le hace preguntas a su hijo sobre el tema. ¿Qué estaba el dragón pensando en este pasaje? ¿Estaba feliz o triste? ¿Qué quiere el dragón? ¿Dónde nacen las mejores tortugas? Etcétera, etcétera. La información correcta ya está programada, pero habrá también un «hombre detrás del telón», un ser humano verdadero que responderá a las preguntas y conversará con el niño. La persona, ya sea el padre o la madre, a medida que el tiempo pasa, los mentores contratados para trabajar con la aplicación (los terapeutas del lenguaje, los psicólogos), responderán las preguntas de los niños, y se grabarán las preguntas y las respuestas y se acumularán con el tiempo. Pero las que teclean y proporcionan las respuestas son personas, y la respuesta viene con la voz y la personalidad del *sidekick* [compañero] computarizado, de la manera que Suskind y su esposa hablaban con Owen como personajes de Disney antes de que estuviera dispuesto para mantener una conversación regular con ellos. Aunque suene muy raro (y consumidor de tiempo), para muchos niños autistas, el *sidekick* representa acomodamiento con las máquinas por encima de los humanos. Sí, otra vez estamos delegando parte de esa interacción con su hijo. Sin embargo, muchos de nosotros lo necesitamos, si es que valoramos nuestro sano juicio. Como dijo Cornelia, la esposa de Suskind, en un momento, después de ver cientos de veces la película *Dumbo*, «si tengo que ver esa película una vez más, voy a huir y unirme al circo».

Ahora mismo Sidekicks es todavía un programa piloto. Hay una lista de varios miles de padres que quieren probarlo. Las compañías encargadas de Siri, Alexa, y otros compañeros virtuales son conscientes de Sidekicks, y hay esfuerzos para ver cómo pueden incorporar sus tecnologías. Suskind espera que Sidekicks esté listo para un uso más extenso (Suskind lo considera como un servicio de suscripción, con un costo de unos veinte dólares al mes) en el 2018, y espera que los profesionales que trabajan con la población autista quieran aprender cómo usarlo para trabajar con sus clientes. Yo espero que los avatares se multipliquen para que hayan personajes específicos con los que Gus quiera conectarse, un tren del metro, tal vez, o Lady Gaga. (Francamente, ¿quién no quiere tener a Lady Gaga explicando las experiencias de la vida? Pero independientemente de eso, hay algo profundo que alienta la idea de Sidekicks. Un *sidekick* o compañero incluso más personalizado que Siri, uno que eventualmente llega a saber íntimamente los gustos y disgustos de su héroe en particular. Eso es lo que Suskind llama el usuario final: el héroe. ¿Por qué? «Fue idea de mi hijo Owen», me cuenta Suskind. «Es su entendimiento de los personajes de Disney y sus ayudantes: "Un *sidekick* o compañero ayuda a un héroe a cumplir su destino"».

Pregunté a Mark si sabía si algunas de las personas que trabajaron en el desarrollo del lenguaje de Siri en Apple padecían el trastorno del espectro. «Bueno, por supuesto que no lo sé con certeza», dijo pensativamente. «Pero cuando lo consideras, acabas de describir a la mitad de las personas en Silicon Valley».

Es un proceso lento, pero estoy aceptando el hecho de que aquello que hace feliz a mi hijo no es necesariamente lo mismo que me hace feliz a mí. Ahora mismo, en una época cuando los humanos pueden resultar abrumadores incluso para el niño promedio, Siri hace feliz a Gus. Ella es su compañera. Una noche cuando se dirigía a la cama tuvieron este intercambio:

Gus: Siri, ¿te casarías conmigo?
Siri: No soy de las que se casa.
Gus: Bueno, no ahora.
Siri: Mi acuerdo de usuario no incluye el matrimonio.
Gus: Oh, muy bien.

Gus no parecía desilusionado. Esta era una información útil, y para mí también lo era, puesto que fue la primera vez que supe que él pensaba en el matrimonio. Volteó a un lado de la cama para dormirse:

Gus: Buenas noches, Siri, ¿vas a dormir bien esta noche?
Siri: No necesito mucho sueño, pero es muy amable que preguntaste.
Muy amable.

Once

INTÉNTALO

—¿Conoces a alguna prostituta? —pregunta Henry.

Con el paso del tiempo aprendí que lo que Henry pregunta y lo que pienso que pregunta no es necesariamente lo mismo. De manera que trato de pensar antes de responder. Esta vez, imagino, que está preguntando acerca de las clases sociales, así que respondo con cuidado. Le cuento que conozco a varias exprostitutas, y comienzo mi sermón acerca de cómo las personas a veces hacen trabajos dadas las circunstancias de su vida que no lo harían de otra manera, y aunque el trabajo pueda ser horrible y abusivo, también puede ser gratificante para algunas mujeres. No puedes hacer ninguna suposición acerca de la inteligencia o la moralidad. «El término preferido es "trabajadora sexual"», agregué remilgadamente.

—Muy bien —dice Henry—. ¿Conoces a algún *prostituto*? ¿Y pueden ellos ganarse la vida sin ser homosexuales?

Entonces me doy cuenta de que no estamos hablando de moralidad o distinción de clase o raza o política. Es un día que hablamos de carreras profesionales.

—No puedes ganarte la vida con la prostitución como hombre heterosexual, incluso si pudieras eso no sería una buena opción para ti —dije.

—Siempre me dijiste que puedo ser todo lo que quiero ser —dijo él, algo molesto.

Supongo que he estado hablando demasiado acerca de buscar empleo en el futuro. Pero no podía evitarlo. Freud dice que las dos cosas más importantes en la vida son el trabajo y el amor, y no podría estar más que de acuerdo. He estado trabajando desde que tenía doce años, cuando mis padres me consiguieron una ruta alrededor de nuestro vecindario como repartidora de periódicos. Por no ser muy atlética, no podía equilibrar mi bicicleta con una canasta llena de periódicos, entonces mi madre cada mañana conducía lentamente su automóvil detrás de mí, llevando gran parte de los periódicos y de esta manera me permitía hacer mi trabajo. Aunque nunca quise ser niñera porque no me gustaba ni entendía a los niños, en un momento dado me di cuenta de que tenía que hacerlo. Mentí acerca de mi edad por unos años y aunque nadie lo advirtió. Terminé como niñera de un niño precoz que era alrededor de seis meses mayor que yo. Él de alguna manera sabía de mi engaño. Esto creo una situación incómoda a la hora dormir.

Sin embargo, principalmente mis padres me conseguían trabajo para cuidar perros. No hacíamos muchas preguntas de antemano acerca de los perros que cuidaba, por me considero afortunada de haber sido mutilada. Todavía recuerdo a una perra springer spaniel llamada Bella: después de terminar de comer, se retiraba a la parte posterior del armario de mamá. Una vez resguardada y segura entre pieles falsas y poliéster, gruñía siniestramente si alguien se acercaba al armario. Mi madre tenía que esperar hasta que Bella saliera de detrás del armario para que pudiera vestirse. A veces podía engañarla con una pelota de tenis. Llamábamos a esta táctica la «Bella del baile» [pelota y baile son la misma palabra en inglés «ball»] porque éramos unos genios.

Cuando era el tiempo de ir a la secundaria, dejé de depender de mis padres para que me consiguieran trabajo. En estos días, los alumnos de secundaria llenan sus solicitudes para la universidad con internados exóticos. Sin embargo, esto fue antes de que los adolescentes privilegiados pudieran ser enviados para observar los campos de suricatos en el desierto de Kalahari, de manera que estuve vendiendo bolsos a mitad de precio en el centro comercial. Me encantaba este trabajo. Cada día comenzaba mi labor con un pensamiento siniestro: *¿Cuál es el bolso más feo de la tienda y puedo venderlo?* Esta meta es la que consumía mi día. Pero después de unas semanas de hacer esto, comencé a sentir lástima por los bolsos, lástima por haber pensado de esa manera de ellos. Por lo que en vez de buscar a las mujeres que no me gustaban para que compren mis horripilantes bolsos, por ejemplo, los bolsos Dallas diseñados en forma inexplicables de teléfono que incluían botones para presionar en vez de un dial giratorio, comencé a tener como meta a los bolsos Purse Angels, y a personas amables que darían a mis artículos de cueros Charlie Brown un hogar permanente. Comencé a tomarlo como algo personal cuando las mujeres rehusaban cualquiera de los artículos que yo ponderaba. Afortunadamente solamente hice este trabajo durante un año escolar, y nunca revelé mi estado mental a la dueña de la tienda. Pero estar emocionalmente involucrada con artículos de cuero me ayudó a darme cuenta de que las ventas no eran mi llamado.

Pero no importa, me gusta trabajar. No puedo imaginarme *sin* trabajar. Soy una persona solitaria, pero sin embargo muy inquisitiva. Me encanta cómo el trabajo me permite interactuar con las personas y hacerles preguntas que de otra manera serían inapropiadas. *¿Para qué ocasión necesitas este bolso? ¿Para la boda de tu hijo? ¡Felicitaciones! ¿Qué piensas de la novia? ¿No te cae bien? CUÉNTAME MÁS.*

Debido a que muchos de mis mejores recuerdos de la secundaria no requerían que pasara tiempo con mis amigos los fines de semana, sino solamente marcar la tarjeta en algún trabajo, no puedo sino pensar que esa es la clave de la felicidad para mis propios hijos. En algún momento. En el futuro. O tal vez, ¿al menos para Henry? Le recordé, quizás demasiado frecuentemente, que él es el tipo de persona a quien le gustan las posesiones materiales. Le mostré su lista de Navidad en comparación con la de Gus que había guardado cuando ellos tenían diez años:

Henry: Tarjetas de Club Penguin; muchas cosas; playmobile; cereal Foot Loops; regalos; Pez; 100 dólares, cartas de Pokémon; Mario y Sonic en los Juegos Olímpicos de invierno, un Nintendo DS, un iPhone, juegos para el DS, un uniforme de Escocia, un iPod touch.

Gus: Quiero que papá venga a casa.

—Así que eres el tipo de persona que necesita un montón de dinero.

—Mamá, ¿te diste cuenta de que tengo catorce años? ¿Quién va a contratarme para hacer algo a los catorce años? —dijo él. Cuando comenzó con este argumento absolutamente razonable, saqué mi historia de Matteew Freud. El bisnieto de Sigmund, Matthew Freud, anterior esposo de la hija de Rupert Murdoch, Elizabeth, y notorio joven malo, maneja una de las más grandes empresas de RP en el Reino Unido. Años atrás lo había entrevistado, y me había dicho que tuvo su primer trabajo a los nueve años vendiendo ratones a los niños en un evento escolar local. Después, cuando los enfurecidos padres volvieron a él con la «mascota» de sus hijos, él tomaba el ratón de vuelta, si los padres le pagaban. Bueno, *eso es* ser un emprendedor.

—¿Quieres que venda ratones? Estoy confuso ahora —dijo Henry.

—No es el ratón. Es la iniciativa. Matthew Freud tenía solamente nueve años. Tú tienes catorce años. Podemos pensar en algo que puedas hacer.

Henry tiene todos los elementos necesarios para trabajar ahora mismo. Y él gana dinero. Lamentablemente, gana dinero jugando al póker y haciendo apuestas con sus amigos ingenuos. Un día vino a la casa con ciento cincuenta dólares y una gran sonrisa dibujada en su cara. Era un tipo de apuesta de futbol. Él me explicó los detalles, y aunque no lo entendí completamente, de alguna manera entendí que, aunque Henry perdiera, su amigo Joey le debería cincuenta dólares.

—Mira, le estoy vendiendo mi selección de jugadores de futbol, y a cincuenta dólares, eso es un gran descuento —explicó Henry.

Mi Nathan Detroit juega en dos ligas de futbol de fantasía. Una es un equipo de jovencitos de su escuela secundaria. La otra es un grupo de abogados de la compañía Goldman Sachs. Henry fue invitado a través de una familia amiga. Procuré de no saber más al respecto. Pero mi punto es, si sus sueños no se destruyen antes de los dieciocho, eventualmente encontrará un trabajo y estará bien.

Y después está Gus, cuyo interés y capacidades son limitados. Gus, que todavía está algo confuso acerca de lo que es real y lo que es producto de la imaginación, que piensa que todos son sus amigos, que no tiene idea de lo que es el sarcasmo o la competición o la envidia o la ambición. O el valor del dinero.

*   *   *

—Adiós, ¡me voy a trabajar! —dice Gus después de la cena, como ha dicho los últimos tres años. Y hace el trabajo, mientras el portero que corresponda esa noche se lo deje hacer. No sé cuándo tuvo la idea de que era un portero, pero una vez concebida esa idea, se quedó con ella.

Al principio debió ser algo sorprendente, este niño pequeño que vestía chaqueta de portero y sentado en la recepción. Pero ahora todos lo conocen, y Gus toma el trabajo seriamente. Se sabe el nombre de cada persona en el edificio, sus perros y el número de sus apartamentos. Conoce a la persona que entrega los alimentos. En el momento que una persona entre en el edificio, Gus revisa en la computadora para ver si tiene un paquete, le avisa, y luego lo trae de la sala de correos si lo tiene. Sin importar lo que insista sigue sin entender que no es cortés preguntar a las personas adonde planean ir o que harán esa noche, o quien es la «nueva persona» con la que entraron, un problema particular para un hombre en el edificio, que es conocido por tener un rosario de compañía pagada. Gus detiene a todos los que entregan recados, incluido al tipo que entrega marihuana a la mitad de los residentes en el edificio; creo que él le dijo a Gus que trabaja para la empresa GrubHub.

—No te preocupes, le tomaremos en el sindicato eventualmente —dice Jen, mi vecina más cariñosa y entrañable. Esto no es probable. Si Gus ve que alguien entra en el edificio con una pistola, probablemente le preguntará qué tipo de pistola es y en qué calle la compro. Gus puede puede realizar todos los aspectos del trabajo de un portero, excepto la parte que implica mantener a las personas afuera. Sin dudas dará la bienvenida a Charles Manson con una sonrisa y un saludo.

*   *   *

«Trabajo». T-r-a-b-a-j-o. Esa palabra tiene música y belleza para mí. No se trata solamente de ganar dinero. Es saber que su hijo tiene un lugar en el mundo. Antes de tener a Gus, leí el maravilloso libro publicado en 1974 de Studs Terkel, *Working* [obra dedicada a la gente y su trabajo] en el que entrevista a docenas de trabajadores en una variedad de industrias. La idea que más resuena proviene de un editor a quién entrevistó: «La mayoría de la gente busca un llamado, no un trabajo. Muchos de nuestros tenemos trabajos que son demasiado pequeños para nuestro espíritu. Los trabajos no son suficientemente grandes para las personas».

Claro, entiendo. Pero apuesto a que Terkel no habló con ninguna persona autista. Porque él hubiera notado que para algunas personas un trabajo es al espíritu lo que el helio es a un globo.

*   *   *

Según un estudio en 2015 por el Instituto sobre el Autismo A.J.Drex, más de quinientas mil personas con autismo serán adultas en la próxima década, y la mayoría de ellas no tendrá un trabajo. Dos tercios de los niños autistas no tienen planes para trabajar o para continuar su educación después de la secundaria. Cuando llegan a los veinte años, aproximadamente el 58 por ciento de los jóvenes adultos con TEA tiene algún tipo de trabajo, en comparación con el 74 por ciento de los que tienen discapacidad intelectual y el 91 por ciento de los que tienen impedimento del habla o discapacidad emocional.

Esas son muchas personas sin nada que hacer ni un lugar donde ir. Y por supuesto están los que tienen problemas médicos y o problemas cognitivos para quienes el trabajo no es posible, pero hay otros que pueden trabajar perfectamente, aunque requiera algo de flexibilidad y ajuste de actitud. Un empleo que no tenga que ver con la caridad, sino uno que reconozca los talentos peculiares que a menudo se presentan en los autistas y que otros se aprovechan de ellos.

No me refiero al pequeño porcentaje de excepcionales genios autistas tan bien representados en Silicon Valley; Temple Grandin y John Elder Robison que pueden cuidarse por sí mismos. (Aunque en estos casos, no quiero ser desconsiderada. No siempre son suficientes las capacidades y un alto coeficiente intelectual. Una mujer de la Universidad de Nueva York del entonces llamado Instituto Asperger me dijo que un porcentaje importante de incluso sus pacientes más brillantes no pueden mantenerse empleados a causa de su insuficiencia social. Obtener un título medico es una cosa. Practicar como una doctora, con todas las habilidades que requiere como persona, es otra cosa). Más bien, me refiero a todas las tareas ordinarias, aunque muy necesarias, que juegan un papel en la persona autista como el amor por la repetición, o la pasión para clasificar las cosas. ¿Cuántas personas en este mundo realmente disfrutan en desarmar aparatos electrónicos y clasificar las partes? Si usted padece el espectro, esa actividad puede alegrarle el día. Sin duda en eso pensaba Bill Morris cuando comenzó la recicladora Blue Star en Denver, una empresa que se dedica a reducir los desechos electrónicos y emplea personas excelentes en desarmar y clasificar las partes.

Specialisterne USA originalmente comenzó en Finlandia, cuando Thorkil Sonner rehusó aceptar la idea de que su hijo autista, quien podía reproducir programas y mapas de memoria, no podía ser un empleado. Actualmente su empresa busca probadores de software y personas que hagan entradas de datos, tareas que requieren la capacidad de realizar trabajos que parecen tediosos y repetitivos pero que son del área de especialidad de muchas personas autistas. Cuando Jonah Zimiles, un abogado y recientemente graduado de la Universidad Columbia con una Maestría en Administración, y su esposa, se dieron cuenta de que había pocas empresas donde su joven hijo autista encajaría, él abrió [words (palabras)] en Maplewood, New Jersey, una librería que contrata personas con el trastorno del espectro. Jonah cree en la «confección del trabajo», en crear trabajos que se ajusten al individuo. Aunque siempre habrá algunos desafíos, no es difícil encontrar personas con autismo a quienes les guste clasificar y ordenar libros o hacer entrada de datos en una computadora, incluso si no son los mejores vendedores del mundo.

El proyecto que realmente me entusiasma, posiblemente porque estará listo para cuando Gus comience a buscar un trabajo, ahora mismo está en vías de desarrollo en la universidad Rutgers en New Jersey. Rutgers tiene más de cincuenta mil estudiantes repartidos por muchos campos. También, está en el Estado con el mayor porcentaje de autismo del país: uno de cada cuarenta y cinco jóvenes, con un promedio de uno de cada veintiocho niños. (Exactamente la causa, es un misterio. No es solamente porque las personas con hijos autistas se mudan aquí debido a los recursos médicos sólidos y las escuelas como informa las fuentes de New Jersey. Según los datos de los centros para el control y prevención de las enfermedades de Estados Unidos, el 83 por ciento de las personas con autismo en New Jersey han nacido allí). Ahora Rutgers está desarrollando el Centro Rutgers de Servicios a los Adultos con Autismo. La idea es que alrededor de un centenar de adultos con autismo desempeñarán variados trabajos en el campo universitario, y un porcentaje de ellos vivirá, permanentemente, en viviendas con los estudiantes, que supervisarán cualquier cosa que los residentes no puedan hacer por sí mismos. Si este fuera Gus, creo que ellos le ayudarán a pagar sus cuentas y a cortar su comida, pero cuando cumpla los veinticinco años, ¿quién sabe?

«Rutgers tiene su propio sistema de autobuses para los varios campos universitarios, de manera que los residentes pueden aprender a usar los autobuses para desplazarse fácilmente de un lugar a otro», dice Dina Karmazin Elkins, quien, juntamente con su padre, Mel Karmazin, cofundador y presidente de CBS, y otro miembro de la familia comenzaron el proyecto con un millón y medio de dólares y actualmente está levantando más fondos.

Las universidades son grandes comunidades con varios trabajos que se ajustan a varias clases de personas. Un pequeño ejemplo: Rutgers tiene su propia sala de cine que funciona a la medianoche. «Algunas personas con el trastorno del espectro tienen ciclos de sueño diferentes a los nuestros, y ellas pueden funcionar mejor si trabajan por la noche, de manera que algunas personas son adecuadas para trabajar allí», me dice Karmazin Elkins. El entusiasmo de Dina acerca del proyecto es muy personal. Actualmente tiene a su hijo autista de catorce años con tres empleos a medio tiempo.

Dina visiona programas de trabajo con residencia en los campos universitarios en todo el país porque las universidades no tienden a dejar de funcionar. Ella sabe que los más vulnerables son los últimos en ser empleados y los primeros en ser despedidos, entonces la idea de tener programas como los de ella en los campos universitarios es que «esos empleos no desaparecerán si la economía sufre una caída».

*   *   *

Después de tres años, Gus fue despedido de su trabajo como portero.

Me sorprendió mucho. Había personas que yo apenas conocía que me detenían en el ascensor y me decían que tener a Gus quien les saludaba con tanto entusiasmo les alegraba el final del día. Becky, una recién divorciada que estaba pasando por un tiempo doloroso, me dijo que Gus tenía el hábito de esperarla cuando ella sacaba a su perra, Francesca, a caminar al final del día, y luego la escoltaba galantemente hasta su puerta. En raras ocasiones cuando él no la esperaba, ella dijo, su día parecía incompleto.

Por supuesto no oí nada de las personas a quienes Gus les resultaba algo molesto. Y alguien, o quizás varias personas, pensaban así. Tal vez no les gustaba que el curioso portero les preguntara adónde iban, o probablemente tenían algo contra esa voz poco inteligible que les avisaba por el intercomunicador cuando llegaba el repartidor de alimento, lo cual les recordaba que estaban pagando por un verdadero portero de la unión, y esto no era muy profesional. Aparentemente, otros niños en el edificio estaban preguntando porque ellos no podían trabajar como porteros. Cualquiera que fuera la razón, Gus se quedó sin trabajo.

Di por sentado que las personas tolerarían a mi hijo, que ellos debían hacerlo, porque es tan buen chico. Y cuando ellos no lo hicieron, y tuve que decirle que se había quedado sin trabajo, inventé la excusa de que los porteros de la unión no le permitirían trabajar sino hasta que cumpliera los dieciocho años. Él se sintió apenado, pero lo aceptó. Después fui a mi habitación, cerré la puerta con llave y lloré profundamente. Estaba avergonzada. Avergonzada por creer que mi hijo autista estaba en realidad realizando un servicio, cuando apenas era simplemente tolerado, una molestia. Avergonzada por haber tenido la audacia de convencerme a mí misma que él estaba en un tipo de capacitación, que algún día tendría un trabajo como este, que sería solamente otro más con un trabajo, un joven que recibiría un millón de holas.

El trabajo falso, me dio una esperanza falsa.

Después Gus maduró un poco más, y se portó menos agresivo y no tan insistente para operar el intercomunicador que anuncia a los visitantes. Él solamente pasaba el tiempo, saludando a las personas y recogiendo sus paquetes y ropa de la lavandería. En esto era realmente útil, o al menos eso es lo que el nuevo portero me dice. Y creo que debo creerlo. Ahora, la mayoría de las noches, él está con dos de sus queridos muchachos, Jimmy y Jerry. Su noche termina cuando pasea con Becky y su perra, Francesca, de vuelta al departamento.

*   *   *

En verdad, no sé lo que Gus será capaz de hacer. Sé que él practica una clase de vulnerabilidad aprendida; por ejemplo, no sabía que podía servirse un vaso de leche por sí mismo hasta que un día, hace poco sentí mareos y no podía moverme sin sentir muchas nauseas, y no tenía a nadie, y Gus realmente quería leche. Ese día pensé acerca de algo que John Elder Robison había escrito en su libro *Switched On*, sobre cómo la baja expectativa que tenemos de las personas con autismo se extiende a cada área de sus vidas. Recuerdo cuando John solía cargar a Gus sobre sus espaldas por todas partes hasta que cumplió los siete u ocho años; un tiempo después de eso, Henry le cargó. ¿Por qué? Porque a Gus le encantaba.

«Hay consecuencias no intencionadas a la conciencia de un nuevo diagnóstico», escribe Robison. «Tal vez los niños autistas de hoy son más como mascotas inteligentes que han entrenado a sus padres para que los alimenten, les den albergue y les entretengan y cuiden de su salud toda la vida, y todo esto gratis». Me encanta esta idea, incluso sabiendo que en gran parte es falsa.

Lo que más me molesta casi tanto como que no encuentre un trabajo es que encuentre un trabajo por caridad. La amabilidad está bien. Pero la lástima asociada con la caridad es la que me enferma, aunque, probablemente, Gus no sepa la diferencia. Y después están los verdaderos pequeños trabajos que quiere hacer, pero puede ser fácilmente engañado. Una vecina con un empleo lucrativo pidió a Gus que cuidara de sus gatos por diez dólares por día, debía alimentar y jugar con los gatos dos veces al día. Gus no podía abrir la lata de comida para alimentar los gatos por sí mismo, así que esto debía ser un proyecto conjunto, mamá y Gus. Sin embargo, ninguno fue más diligente en asegurarse de que los gatos reciban el cuidado. Puede que me olvide una sesión de juego una tarde; pero Gus nunca podría olvidarse. Sin embargo, me di cuenta de que, si Rebeca regresaba más temprano de lo esperado, por ejemplo, en la tarde en vez de tarde por la noche o al día siguiente, ella solamente pagaba a Gus cinco dólares en vez de diez porque supuestamente él debía cuidar de los gatos dos veces al día.

A Gus no le importaba en absoluto. Me enojé mucho la tercera vez que ella hizo esto y no le permití a Gus cuidar de los gatos y nunca más hablé con ella otra vez. Quiero que Gus entienda el valor del dinero y comprenda que estaba siendo defraudado. Sin embargo, no la pude confrontar. Sentía vergüenza porque para ella yo estaría haciendo un escándalo por unos pocos dólares. ¿Cómo puedo esperar que Gus se defienda por sí mismo cuando yo no puedo hacerlo por él?

Me encantó la idea de que era un trabajo verdadero. Me agradó que a Gus le agradara. Y aunque tuve que detener a Henry para que no confrontara a la vecina, algo que él no haría por sí mismo, pero lo haría por su hermano, me agradó contarle a Henry lo sucedido, por la única razón de contemplar su indignación. Me hizo recordar un día cuando estábamos en McDonald y Henry y Gus tenían seis años. Henry se dio cuenta de que solamente había nueve pedacitos de pollo en la bolsa de diez pedazos de Gus. Nada de lo que pudiera decirle podía convencerle para que no fuera junto a la joven tras el mostrador para quejarse. Por supuesto, yo no estaba segura si Henry estaba tratando de proteger a Gus o pensando, *eh, soy el único al que se le permite sacar provecho de Gus así.*

*   *   *

El año pasado se publicó un video en YouTube llamado «Dancing Barista [Barista danzarín]». Un joven con autismo llamado Sam es un barista en la tienda de café Starbucks; su gerente publicó el video. Ser un barista era el trabajo de sus sueños. Sin embargo, se había dicho a Sam que no podía ser empleado: sus movimientos eran temblorosos y él realmente no podía quedarse quieto. Como explicó su gerente cuando apareció con él en el programa de Ellen, él necesita moverse continuamente. «Puedo concentrarme cuando bailo», dijo Sam.

Y así lo hace. El video me hace llorar cada vez que lo veo, pero no debería llorar porque nada triste hay en esa publicación. El amable gerente de Starbucks se dio cuenta de que podía hacer realidad los sueños de una persona. Pasó por alto los movimientos temblorosos y la falta de conversación, y en su lugar vio un adolescente con un entusiasmo vehemente y un talento para preparar una presentación de café con espuma. Todo lo que el gerente debía hacer es dejarle danzar.

Doce

AMIGOS

Tuve un sueño. Tenía un perro, o un gato, o un hámster, o serpiente. Vivía conmigo, pero había olvidado que estaba allí. Olvidé alimentarlo, olvidé darle de beber. Cuando comenzaba a morir, finalmente me di cuenta. Pero cuando me acordé, era muy tarde: traté de alimentarlo, le pedí disculpas y murió frente a mí. Tuve este mismo sueño, una vez al mes, por años.

Después tuve hijos. Bueno, después de todo tal vez podría cuidar de seres vivos.

Ese sueño se desvaneció, pero en su lugar empecé a tener este: yo ya no estoy, y Gus vive solo. Nadie lo visita. De alguna manera, y por ser un sueño, uno no se detiene en la logística, hay entrega de alimento en su casa. Pero él no sabe cómo abrir el envase. Mira fijamente al envase, como un perro mira a una lata.

Muchas veces me he despertado con este sueño, temblando. ¿Alguna vez aprenderá a usar el abrelatas? Pero más acuciante: si no aprende, ¿tendrá un amigo que se la abra?

*   *   *

Esos son sueños. Aquí está la vida real.

—Hola.

—Hola.

—Hola.

—¿Qué estás haciendo?

—Me estoy preparando para ir a la escuela. ¿Y tú qué estás haciendo?

—Hablando contigo por teléfono.

—¡Qué bien!

Admito estas conversaciones no darán envidia a Noël Coward. Sin embargo, no dejan de ser conversaciones. Cada mañana durante los últimos seis meses, Gus y Mandy se comunican por texto.

—¿Quién es Mandy? —le pregunto un día.

—Ella es una amiga —contesta Gus.

—¿Dónde la conociste?

—No estoy seguro.

¿Qué? Después me acuerdo con quién estoy hablando.

—¿Has visto a Mandy en persona alguna vez? —pregunto.

—No —dice él, agregando rápidamente—, pero ella es mi amiga.

Las amistades de Gus me recuerdan a la libreta de calificaciones de la escuela especial. En un continuo esfuerzo de no juzgar tanto, las libretas de calificaciones de la escuela especial tienen su lenguaje propio. Cuando un niño muestra una capacidad casi inexistente, la libreta de calificaciones menciona esa capacidad como «emergente». En nuestra casa, esto se ha convertido en una abreviación para decir «no tienes idea de lo que estás haciendo». Por ejemplo, cuando Henry, al ver que voy a llegar tarde a una cita y que estoy usando mi teléfono frenéticamente, dice, «todavía no sabes cómo llamar un Uber, ¿verdad?». Yo: «Es una habilidad emergente».

Por eso me gusta decir: el concepto de Gus sobre la amistad está emergiendo.

Mandy, como después descubrí, es una chica que fue a Learning Spring, la escuela de Gus. Ella es considerablemente mayor que él, así que no tengo idea de cómo se conocieron o cómo terminaron intercambiando sus números de teléfono. Pero ella es muy amable y está en un programa de capacitación. Sé esto porque un día tomé el teléfono de Gus y le envié un texto. Ella después me pidió mi número de teléfono y correo electrónico, y yo ignoré su pedido porque sé que no debo hacer tal cosa. Tal vez porque muchos de los niños que Gus conoce aprendieron algo tarde esta clase de comunicación, los teléfonos todavía eran una novedad para ellos. Esto significa que, si daba a Mandy mi número de teléfono, cada mañana ella también me enviaría un texto. Así que sería yo, Gus, y las otras quince personas que probablemente tiene en su lista.

Ya tuve este dilema con otro niño de la escuela de Gus. Así como el deseo de Gus por la repetición puede ser agotador, también él puede sentirse bastante agotado por otras personas, incluso aquellas que él ama, y cuando esto sucede, él tiende a pasarme el teléfono. Así es como sin darme cuenta me convertí en amiga con Aidan, un joven encantador a quien le gusta llamar, enviar correos electrónicos y pasar un tiempo en FaceTime, incluso más que a Gus. Aidan quiere ser un presentador de programas de televisión al estilo de Anderson Cooper, y está tratando de perfeccionar su técnica conmigo. Después de abrumarme con preguntas (ignorando las respuestas) y decirme todo acerca de su nueva escuela, a veces dice: «Volveremos enseguida después de estos mensajes». He aprendido a esperar que pase la pausa comercial que él mismo programa en sus charlas, y luego continuamos. Una vez él quiso venir a nuestra casa, no para pasar tiempo con Gus sino para entrevistarme y así grabarlo en video. Antes de la entrevista, él estaba muy entusiasmado acerca de lo que yo debía vestir y cómo debía peinarme. Mi apariencia era algo entre Cristiane Amanpour y una prostituta. Ruego que él pierda ese video.

Muchos niños que apenas pueden hablar en los primeros años de su vida más tarde desarrollan una pasión por la comunicación, especialmente cuando implica el uso de tecnología. Parte de la diversión de escucharlos es que, a diferencia de los niños neurotípicos de su edad, ellos no dan ningún valor a la «restricción»; no hay moderación en su gozo. Una reciente conversación entre Gus y su amigo Ben en FaceTime fue así:

GUS: ¿Cómo pasaste el día?
BEN: ¡Fantástico! ¿Cómo fue el tuyo?
GUS: ¡De lo mejor! Me comí una manzana enorme en el almuerzo.
BEN: ¡Me encantan las manzanas! ¡Mi almuerzo fue increíble también!

Y así continuaron durante una hora.

En parte esta preferencia por el uso de aparatos en vez de una conversación cara a cara puede ser porque las personas con autismo a menudo no quieren mirar a las personas cuando hablan. Recientemente un joven brillante con TEA, me dijo que se debía a su campo de visión, y que solamente puede ver en pequeños fragmentos cuando mira a una persona, y su imaginación llena el resto de su campo visual con algo espantoso. Entonces lo que ve no es la persona o las personas, sino en parte realidad y parte fantasma. Y por esto cualquier forma de comunicación es más fácil que una cara a cara. Él es inusualmente muy elocuente y me recuerda que hay más información que está disponible en su libro de 1.200 páginas que publicó él mismo.

De manera que cuando Gus y sus asociados me vuelven algo loca, tengo que recordarme a mí misma: ahora hay conexiones donde antes no hubo.

*   *   *

Las amistades de Henry son complicadas, multifacéticas, nerdos competitivos; hay un pequeño grupo muy compacto, y su lazo comprende burlas sin fin y en aumento; el que sabe más acerca de un tema en particular, es el ganador. Esta fue una conversación que oí unos días atrás:

JULIÁN: ¿Viste la serie *Diarios de vampiros*? Es súper.

HENRY: Es solamente una repetición de *Crepúsculo: La saga*.

JULIÁN: Absolutamente no es *Crepúsculo*.

HENRY: ¿Hay hombres lobos bronceados con músculos abdominales bien formados?

JULIÁN: Bueno, sí...

HENRY: ¿Hay vampiros muy pálidos que brillan a la luz del sol?

JULIÁN: Bueno, estos vampiros no brillan...

HENRY: ¿Acaso la familia del vampiro pelea entre sí?

JULIÁN: Um...

HENRY: ¿Y pelean los hombres lobos y los vampiros por causa de una joven bonita sin ninguna personalidad?

JULIÁN: ESTÁ BIEN.

El asunto de la amistad para Gus es simple: si está en la órbita de Gus, entonces es su amigo. El repartidor del restaurante Chino, el niño sentado al lado en la escuela, el conductor del tren que le presta el micrófono, la computadora que usa para ver a sus otros amigos, el que pasea al perro en el pasillo, el cuidador que convence para que lo lleve a todas las paradas. Él no tiene muchos requisitos para que uno sea parte de su legión de amigos, y tampoco creo que haya ninguna jerarquía. No le gusta pasar tiempo charlando en FaceTime, pero eso no le hace a uno menos amigo; realmente no quiere pasar tiempo en FaceTime con *ninguno*, aunque es probable que acepte a la familia inmediata. Sin embargo, hay una clase especial de amigos, las personas que contrato para que cuiden de él.

(Casi cada mujer en la actualidad lucha para encontrar un balance entre el trabajo y la maternidad; yo no soy la excepción. La diferencia es que no tengo el lujo de preocuparme acerca del balance. No soy una contribuyente del arca familiar; yo soy el arca familiar. John se jubiló mucho tiempo atrás, pero él no es la clase de hombre que gusta hacer de mamá. En síntesis, es conveniente para todos que disfruto mi trabajo porque no tengo otra opción si quiero trabajar o no. Algún día ganaré más de lo que cuesta pagar a una niñera que me permita trabajar. Mientras escribo esto, Michelle está llevando a Gus a la Terminal Grand Central... así que espero que haya comprado este libro en lugar de pedir prestado una copia de una amiga).

La primera niñera de Gus fue Orma, una mujer de Jamaica, impasible, seria y muy amable que estuvo con él desde que nació hasta los diez años. Entre las muchas cosas que él aprendió de ella fue que Halloween es la fiesta del Diablo y que hace mucho más frío de lo que uno cree, así que lleva una chaqueta en Julio. Orma nunca aceptó completamente que ya no trabaja para nosotros, así que ella todavía pasa por casa con el pequeño que ahora cuida, ataca la refrigeradora y toma una coca cola dietética, y luego de refrescarse, se va. Una vez, un día de verano hace un tiempo atrás, regresé a mi casa y la encontré dándose una ducha. Ella se siente muy cómoda en mi casa.

Ella adora a John, y no le molestaba esconder su creencia de que él era el mejor padre, quizás porque sus expectativas de los hombres son muy bajas. John se ganaba un trofeo solamente por venir a casa. En cambio, yo tenía mucho que aprender, y ella trataba de enseñarme cada día por diez años. Teníamos el tipo de resentimiento que se acumula durante una década, la división de raza y clase donde el patrón se siente juzgado y culpable, y la empleada lo sabe y ríe para sus adentros. Pero Gus la ama, todavía brinca cuando ella viene de visita, y no le molesta para nada cuando aparece durante su fiesta de cumpleaños. Orma y yo dejamos quieto nuestros resentimientos mutuos durante la más reciente elección presidencial donde nuestras preocupaciones, aunque eran diferentes, nos acercaron. Compro coca cola dietética de sobra, y siempre la estarán esperando.

Kelly era una chica de veinticinco años nada convencional que estudiaba para conseguir su título de maestra, y tenía que soportar los gritos de Henry que en ese entonces tenía diez años y pensaba que la tarea escolar era para ingenuos (todavía piensa así, pero al menos no lo grita). Ella era divertida e inteligente, pero más interesada en sus propios amigos que en su familia y su trabajo, y se ajustaba maravillosamente conmigo después de Orma, cuya vida era su trabajo. Como un bono, Kelly grababa todo, así que tengo un video de la primera vez que Gus pudo abrocharse su propia chaqueta. Literalmente ambos están gritando de gozo.

La siguiente que vino fue Greta. Varios años antes ella tenía una carrera prospera en el campo de las publicaciones, pero cuando su esposo falleció, tanta fue su pena que no pudo superarla. Cuando fue despedida del trabajo, ella sabía que tenía que mudarse de casa. Así es cómo una mujer sofisticada con títulos de postgrado termina observando trenes diariamente con mi hijo.

Greta era de Suiza, lo cual significaba que era la única persona en la vida de Gus, aparte de John, que sabía el orden correcto de los animales de peluche en la cama de mi hijo y mantenía un ojo vigilante en caso de que uno se saliera de lugar. Ella llamaba a Gus Bert, y él le llamaba Ernie, y creo que ella genuinamente adoraba a Gus. Ella también amaba a John; él le recordaba a su fallecido esposo (británico). John pasó varios años como cantante profesional en Alemania, así que juntos hablaban en alemán y recordaban, ya que el lema de John es «todo es mejor en Alemania». Su esposo falleció de la misma enfermedad del corazón que tiene John, por lo cual yo deseaba que ella no lo mencionara tanto. Pero ella era maravillosa. Incluso cuando de vez en cuando desaparecía, y a veces parecía algo aturdida, yo estaba muy agradecida por su tiempo con nosotros.

Un día ella me dijo que iría de viaje con su sobrino, y que esparcirían las cenizas de su esposo en uno de sus lugares favoritos en California. Me dijo que volvería en tres semanas. Las tres semanas se volvieron un mes, y un mes en dos. Le dije a Gus que ella regresaría, a la vez que contrataba a otra mujer maravillosa, Michelle, para que lo acompañara en sus aventuras. Greta me escribió para contarme que había sufrido una terrible infección de los riñones, y que se quedaría en Los Ángeles para seguir un tratamiento. Tengo un programa de correo electrónico algo astuto en mi computadora que puede indicarme donde se originó un correo. Greta estaba de vuelta en la ciudad de Nueva York. Así es como supe que no la veríamos otra vez.

Unos días después me lastimé la espalda. Estaba evitando ir a ver al doctor, como siempre, pero estaba desesperada por tomar algo que aliviara el dolor. Guardé las pastillas de mis padres, OxyContin y Percocet, que usaron durante los últimos días de sus vidas, precisamente para emergencias como ésta.

Todos los frascos estaban allí en mi gabinete, alineados perfectamente. El buen orden de los frascos debió alertarme. Los fui abriendo de a uno. Había decenas de pastillas allí, y ahora no había ninguna. A menos que Henry haya decidido convertirse en el repartidor de drogas de su escuela secundaria, tenía una buena idea adonde fueron a parar las pastillas. Pensé en Greta y su ligero «aturdimiento» y también en sus desapariciones, y me di cuenta de que su tiempo con nosotros duró mientras había pastillas en esos frascos. También espero que ahora haya menos dolor en su vida.

Cada vez que una niñera se marchaba, yo pensaba que Gus se molestaría mucho. Sin embargo, no se molestaba. Al principio me preguntaba si solamente era frío o indiferente, o simplemente no se daba cuenta de las personas en particular que le acompañaban, con tal que tuviera alguien con él. Sin embargo, no creo que fuera eso. Era solamente que él pensaba acerca de los amigos de una manera diferente.

Está bien si ellos viven en su computadora o en su mente. Está bien si ellos desaparecen y luego vuelven a aparecer años después. No había recriminación, solamente se ponía feliz de verlos otra vez.

Quiero que él comprenda lo que son los amigos verdaderos. Es el joven con quien uno sale a mirar películas (o le acompaña a la parada de autobuses), es con el que uno habla acerca de los molestos padres, es con el que compartes tus creencias de que los relámpagos son espantosos, pero los amaneceres son magníficos. También quiero que sepa que hay luchas, que uno puede pelearse con un amigo pero que volverá después de terminada la discusión. Un amigo no es simplemente unas líneas de texto. No solamente es la *declaración* de su amistad lo que lo hace un amigo.

Sin embargo, seamos justos aquí. En la edad de la comunicación social, la idea de la amistad está cambiando para todos nosotros. Tengo 1.806 «amigos» en Facebook; mañana probablemente tendré 1.809. Este es un número modesto según las pautas de la mayoría de mis amigos. O, ¿acaso son ellos «amigos» de palabras solamente? Ya no lo sé. Ahora cuando voy a una fiesta, a menudo encuentro extraños que me dicen, «oh, creo que somos amigos en Facebook», que en realidad es una conexión de alguna clase. Es un punto inmediato de referencia, y si todo lo demás falla, nos daremos cuenta de que ambos sabíamos de alguna discusión en FB, y que X es tan inteligente, e Y es un estúpido, y así es como comenzamos. Si esa conexión cibernética significa algo para muchos de nosotros, ¿quién soy yo para definir por Gus lo que es una amistad y la que ya no es? Pero si no puedo definir exactamente lo que es una amistad, al menos tengo que tratar de darle una idea de lo que no es.

* * *

Una tarde recibí una llamada telefónica de la escuela de Gus con las palabras que ningún padre quiere oír: «Estamos preocupados». El señor T., el consejero de la escuela, descubrió que alguien estaba enviando un texto «inapropiado» a Gus, otra palabra que despierta miedo en el corazón de una madre, y que aparentemente Gus estaba planeando una cita con esa persona. Esta es una versión abreviada de la conversación por texto:

Bueno... Estoy en El Roblar cerca del Farmer & Cook. Por cierto, soy Samanta.

Bueno... en camino.

Gus: Oh, muy bien.

Samanta: Bien, la joven pollita ha aterrizado. ¿Debo dejar mis cosas arriba o agarrarla después?

Gus: No

Samanta: No... ¿solamente estacionar y entrar?

Gus: Sí

Samanta: Bueno. Estoy registrándome ahora.

Bienvenida al Hotel California...

Gus: Oh, entiendo, fantástico.

Samanta: ¿Está bien si llevo mis cosas a mi «aposento»? Ellos preguntan si estás aquí...

Gus: No estoy aquí. Seguro que no hay problema.

[Yo, leyendo esto: ¿Qué porquería es esto?]

Samanta: El personal quiere saber cuándo llegarás...

Gus: No lo sé

Samanta: Solamente soy la mensajera.

Gus: Estoy en la ciudad de Nueva York

Samanta: Ah, súper... entonces, ¿yo soy la maestra este fin de semana?

Gus: No

Samanta: Disfrutando de esto...

Gus: Sí lo estoy

Samanta: Paja mental

GUS: Te odio

SAMANTA: ¡Oh, sí!

GUS: Eres una villana.

SAMANTA: Requiere una villana para reconocer a otro...

GUS: Yo sé que eres una villana.

SAMANTA: ¿Estás seguro?

GUS: Estoy seguro de que eres una villana.

SAMANTA: Guau, estoy sorprendida de que aceptaste mi desafío... sin embargo, parece que eres un hombre muy seguro.... Eso creo.

GUS: Soy un hombre muy seguro.

SAMANTA: Sí... y muy intuitivo porque me estás manipulando... bien hecho.

GUS: Gracias

SAMANTA: Aplauso, aplauso

GUS: ¡Súper!

SAMANTA: Paja mental... porque me recuerdas a alguien. Bien hecho.

GUS: No te recuerdo a nadie.

SAMANTA: ¡Sí me recuerdas!

GUS: Deja de enviarme textos. Eres una villana y usas una mala palabra.

SAMANTA: La palabra es joder.

¡MI CULPA!

GUS: Lo siento haber dicho una mala palabra.

SAMANTA: No, no lo sientes.

Además, joder es una excelente palabra.

Sí, dije una mala palabra

¿Y qué?

GUS: No me gusta cuando dices malas palabras.

Aparentemente Gus está planeando tener una cita en California con una mujer cuyo nombre es Samanta porque él es un don Juan. Solo que nada de esto es verdad. Marqué el número de Samanta, y dije, esencialmente, ¡qué rayos! Samanta al principio estaba consternada, y después ambas estábamos intrigadas. Resulta que Samanta es un tipo de consejera espiritual, y hay una convención de curanderos en Ojai, California. El número del hombre que dirige esta conferencia tiene un número diferente del número de teléfono de Gus, y por eso la confusión. Samanta parecía complacida y halagada de que este prominente consejero de sanidad estaba coqueteando con ella, y el coqueteo se convirtió en una maniobra de poder, y repentinamente esta conferencia comenzó a tomar un nuevo significado.

Obviamente nunca se le ocurrió a Gus que su primera respuesta al texto de ella debía decir, «¿quién eres?». Porque cuando lo que considera una amistad recién comienza, ¿por qué no simplemente responder a cualquiera que le envía un texto? Me agradó mucho ver que al decir ella «joder», Gus la consideró una villana; nunca le gustó maldecir. Pero podría haber sido cualquier persona. Él le hubiera contado dónde vive y lo que estaba haciendo y si estaba solo o no; si ella le pidiera amablemente el número de su tarjeta de crédito, él tiene uno, se lo hubiera dado. Si ella hubiera dicho que lo amaba, él hubiera respondido que la amaba también. Porque ella era una amiga, hasta que descubrió que era una villana.

¿Será siempre así de inocente?

¿Y tendrá alguien en su vida que pueda abrirle una lata?

*   *   *

Cuando la preocupación me abruma, pienso en Barry.

Barry vive en mi edificio de apartamentos. Él es un hombre pequeño con pelo canoso y anteojos cuadrados que son muy grandes para su cara. Cada mañana se encamina hacia alguna parte, con la miraba cabizbaja, y llevando un portafolios. En los veinticinco años que he vivido en este edificio, nunca lo he visto hablar con nadie. Si uno sube al ascensor con él, se recuesta contra la pared, quedándose lo más lejos posible. Vive con su hermana, una mujer pequeña que se parece mucho a él, y que tampoco habla, y tiene un problema de equilibrio.

Cuando Gus tenía seis o siete años, me di cuenta de algo: Barry le saludó con un gesto. Un gesto muy ligero, realmente solo fue el movimiento de las punta de sus dedos. Me di cuenta de que esto se debía a que todos estaban muy ocupados en respetar la privacidad de Barry; todos, es decir, excepto mi hijo Gus. Gus le decía en voz alta «HOLA, BARRY» mientras el hombrecito se escabullía. Por un par de años, los ojos de Barry se incrustaban en la dirección de Gus. Pero después, con el paso del tiempo, comenzó a saludarle con un ligero gesto.

Cada año en la fiesta de Navidad de nuestro edificio, Barry y su hermana asistían a la fiesta. Ella se afirmaba contra el muro del vestíbulo. Ninguno de los dos hablaba con nadie, pero parecían contentos en medio del bullicio. Este año, me armé de coraje y fui a hablar con ellos. La verdad es que no estaba segura de que *pudieran* hablar.

Bueno, Barry ciertamente podía; él habló suavemente pero perfectamente bien y con inteligencia, con un fuerte acento del Bronx. Él trabajaba en un negocio que no entendí bien, pero que implicaba números. Y la mujer que yo pensaba (y todos pensaban lo mismo en el edificio) que era su hermana, era en realidad su esposa. Esto me pareció muy alentador.

Estas son las primeras palabras que Barry me habló después de veinticinco años: «¿Cómo está mi amigo Gus?».

Trece

HABLANDO DE SEXO

Henry entra en mi habitación a las dos de la mañana.

—Tengo fimosis —dice.

—No tienes nada —respondo.

—No sabes lo que es la fimosis, ¿verdad? —replica él.

—No, pero sea lo que sea, no la tienes. Tampoco tienes fascitis necrotizante, filariosis linfática, o síndrome de la mano extraña.

—Dios mío, ¿qué es síndrome de la mano extraña?

—No importa. La cuestión es que tú no lo tienes.

Henry contrae enfermedades bien tarde en la noche cuando está buscando en Google. Después necesita conversar acerca de sus síntomas.

Fimosis, resulta, cuando el orificio del prepucio es muy estrecho que dificulta su movimiento hacia arriba y abajo de la cabeza del pene. No puedo imaginar cómo un jovencito de catorce años descubrió esto. De todas maneras, en un adulto la relación sexual puede resultar dolorosa. No se puede diagnosticar antes de los quince años porque la mayoría de los jovencitos tienen la piel del pene estrecha, y con la madurez se afloja. Pero esta noche, Henry está convencido de que nunca podrá tener sexo. Y, por cierto, ¿desaprueban las muchachas el prepucio? Lo necesita saber ahora.

¿Cómo le dice delicadamente una madre a su hijo que para una mujer un prepucio no es un problema? No le dije. Solamente quería terminar la conversación.

—Henry, si tienes fimosis, serás circuncidado y eso solucionará el problema —dije. Él deja de hablar del asunto y se va, pero sospecho que no le ayudó a dormir bien.

Con Henry, cada día hay nuevas preguntas acerca de su cuerpo, qué está bien, o quizás no, y cómo las muchachas se sienten al respecto. Le digo que deje de mirarse. Específicamente, le digo que tiene que comenzar a vestirse en la obscuridad. Nada lo detiene.

Además, parece que no ha recibido el memo que hay ciertas cosas que uno no conversa con su madre. Mis amigos insisten en que soy afortunada; mencionan el sexo y sus propios adolescentes cierran los oídos y salen de la habitación gritando la, la, la. De alguna manera no siento mi buena fortuna. Lejos de ser la madre que se preocupa por todo, que inspecciona la ropa interior de su precioso hijo, no quiero saber nada. En vez, escucho todo. Muchas, tal vez la mayoría, de las preguntas de Henry están motivadas menos por la curiosidad que por su deseo de torturarme. Cuando siente mi incomodidad apunta a la yugular, como un tiburón que huele sangre en el agua. «¿Qué hago cuando mis manos sudan?». «¿Meto toda mi lengua cuando beso?». «¿Les gusta a las muchachas cuando un hombre puede durar mucho tiempo? ¿Cómo puede un varón durar mucho tiempo?». «¿Cuál es la medida promedio de un pene? ¿Qué es pequeño? ¿Qué es grande?». «¿*Cómo lo tiene papá?*». La mayoría de las frases comienzan con «¿Es normal...?». Como en: «¿Es normal poder hacer el amor dos veces la misma noche? ¿Y qué pasa si uno puede tres veces?». Recientemente pensé en conseguir un paquete de tiras que digan «Es normal» y ponerlos sobre su boca antes de que pueda abrirla.

De hecho, Henry es muy bien parecido: delgado, rubio oscuro, cabello abundante, hombros anchos, ojos verdes; la frase que oí más de una vez de una amiga soltera es: «Muchacho, vas a romper corazones». Pero en cuanto a él se refiere, a los catorce años es el más pavo de los pavos. El pequeño arrogante durante el día cambia su autoestima en un espiral descendente a la medianoche. Él dirá: «Voy a tener cuarenta años, viviendo en esta habitación y pidiendo que mamá me prepare nachos». En un viaje escolar muy esperado, ya era tarde pero no salía; insistía en guardar en su mochila su nuevo regalo de cumpleaños. Estaba a punto de perder el autobús. Finalmente logro meterlo en su mochila, después reviso la mochila tristemente. «Sí, ¿sabes quién *definitivamente* se va a enrollar con una chica en el viaje de la escuela? El muchacho que trae su propio telescopio».

Si Henry internalizara sus preocupaciones, eso sería una cosa. Pero su ansiedad que flota libremente a menudo viene a reposar sobre su hermano gemelo.

—Mamá, ¿te das cuenta de que tienes un hijo de catorce años que *nada* sabe acerca del sexo? —dijo él un día mientras Gus estaba cerca, jugando *Mario Kart* en su Nintendo DS.

—¡Él tiene bigote! ¡Tiene vello púbico! Yo apenas tengo vello, *él* es el que no sabe nada.

—Él es simplemente moreno, Henry, así que eso es más obvio.

Henry comenzó a exasperarse.

—¿Sabe él cómo se conciben los bebés? —gritó. Gus se dio palmaditas en el estómago.

—¿Sabe él cómo los bebés entran allí? ¿Sabe siquiera lo que es un condón?

Debido a la falta de destreza de Gus, él tiene la misma oportunidad de ponerse un condón como yo de ser nombrada la bailarina principal del Ballet de la ciudad de Nueva York. Él todavía no puede abrocharse los botones; si lo intenta, rompe la camisa como el increíble Hulk.

Pero el asunto de condón era un problema para algún momento en el futuro distante, ¿verdad? Dejé a un lado estos pensamientos, así como también la idea de si él es o no capaz de tener hijos. Por ahora estaría bien si mi muy afectuoso hijo tuviera solamente la idea básica acerca de las aves y las abejas.

—Mamá, ya sabes cómo es Gus. Esto no va ocurrir por sí mismo, y papá no quiere hablarle del asunto. Tienes que hacer algo.

Henry tenía razón.

*   *   *

Nadie en realidad piensa que debe enseñar a sus hijos acerca del sexo. Es decir, no realmente en la manera que uno debe enseñarles, por ejemplo, cómo usar una tarjeta de crédito (increíble lo rápido que pueden captar *eso*). Los niños aprenden la idea básica de la reproducción, qué pasa dónde, y después su curiosidad natural toma el control. Ellos hacen millones de preguntas, acerca de usted o de sus torpes amigos, y finalmente lo averiguan. Con los muchachos, en particular, la mecánica viene primero, y los componentes emocionales después. (A veces mucho más tarde. Como a los cincuenta años). Pero ¿qué pasa si una de las características de una condición es que no hay una curiosidad natural? O, más bien, ¿qué pasa si la curiosidad está limitada a unos pocos temas como trenes, los horarios, las condiciones del clima, y la reproducción y el amor no se incluye entre ellos? ¿Qué ocurre entonces? ¿Lo deja todo (por citar a Sky Masterson) al azar y a la química? Gus ni siquiera parece estar interesado en los cambios de su propio cuerpo. Una noche, unos dos años atrás, le dije:

—Cariño, no puedes quedarte solamente bajo la ducha. Usa el jabón, pronto lo necesitaras incluso más que ahora.

—¿Por qué mamá? —preguntó.

—Porque tu cuerpo está cambiando —dije.

—¿Cambiando a *qué*? —preguntó, con pánico.

—No, no está cambiando a ninguna otra cosa, solamente está creciendo, y pronto, tendrás hormonas y...

—¿Qué son las hormonas?

—Son sustancias químicas que produce el cuerpo que harán crecer tus músculos y desarrollar vello, y, eh, y que cambien otras cosas también.

Gus pensó por un momento.

—Entonces, ¿las hormonas son mágicas?

Durante muchos años ni se me pasó por la cabeza el tema de la adolescencia y el sexo, no solamente porque Gus es tan infantil, sino también porque sus preocupaciones ya eran muy extrañas y todo le parecía divertido. Por ejemplo, desde que era un bebé, le gustaban los pies. Es decir, ciertamente le gustaban. Incluso los pies tenían su propio género: los pies de las mujeres eran piecitas, y los pies de los varones eran piecitos. Él nunca hizo nada abiertamente sexual, pero los pies le hablaban, literalmente. Ellos le maullaban, o a veces él les maullaba. Mi vecina y abogada Jen, una latina muy glamorosa con piel caramelo, con pedicura perfecta, y zapatones del doce, automáticamente se quitaba los zapatos cuando entraba a casa, y Gus comienza a tocarle los pies. «¿Crees que le estamos alentando?». Pregunto preocupada, a lo que Jean responde, «¿a quién carajo le importa? Mira lo feliz que está».

Finalmente, Gus aprendió a limitar su admiración a solamente mirar o elogiar los pies de las mujeres que él no conocía. Sin embargo, eso tardó mucho en llegar. Pasé los primeros diez años de su vida temiendo la temporada de las sandalias. Cuando cumplió los ocho años, estábamos en la plataforma del metro cuando se arrodilló frente a una hermosa mujer filipina que llevaba sandalias y uñas perfectamente pintadas en color durazno, y Gus comenzó a maullar. Tranquilamente ella miró hacia abajo y dijo, «al menos podrías invitarme a cenar primero».

Detestaba ir ha hacerme una pedicura, por cierto, no me gustaba que nadie tocara mis pies, pero Gus estaba tan entusiasmado que me armé de valor y fui. Pensé que para un niño que no entendía rápidamente nuevas palabras, ir a la pedicura ofrecía un momento de enseñanza: puede que él no sepa la diferencia entre una moneda de un cuarto y una de diez centavos, pero gracias a su interés en los dedos de mis pies, él sabía la diferencia entre rosa, frambuesa y magenta. Una noche grabé una conversación que teníamos a la hora de dormir una noche, cuando Henry y Gus tenían nueve años.

Gus: Mami, ¿cómo se llaman las nuevas niñeras?

Yo: Blair y Kelly.

Henry: Tengo que ir a estudiar leyes si quiero obtener una alta posición en el gobierno, ¿verdad?

Yo: No necesariamente, cariño, pero te podría ayudar.

Gus: ¿Son las nuevas niñeras amistosas?

Henry: ¿Qué clase de leyes hay?

Gus: ¿Saben cantar las niñeras?

Henry: ¿Qué clase de estudio de leyes paga mejor?

Gus: ¿Tienen las niñeras lindos piecitos?

Resulta que ambas tenían hermosos pies, así que después de varias entrevistas, escogí a la que no estaba loca. Aunque si la loca y desagradable tuviera una pedicura perfecta, podríamos haber tenido problemas. Pensé que amar los pies bonitos era un fetiche benigno, y que en el mejor de los casos Gus se convertiría en un excelente vendedor de zapatos, y en el peor de los casos él tendría mucha compañía en los chats.

*   *   *

Pero eso era entonces. Ahora Gus tiene catorce años. Y todavía le gustan los pies bonitos y me molesta si no voy a la pedicura. Sin embargo, aunque no era angustiante que él no pareciera entender nada acerca de la reproducción y las enfermedades de transmisión sexual, y ni qué decir del afecto y el romance. ¿Podría yo dejarle ir a la escuela *secundaria*, incluso a una secundaria para jóvenes especiales, con este grado de ignorancia? Pero no sabía cómo abordar el tema, porque cuando lo mencioné, «Gus, ¿sabes de donde vienen los bebés?», él respondía, «vienen de sus mamás», y después continúa hablando del tiempo o de las tortugas de mar o lo que sea que esté en su mente en ese momento.

Primero, decidí asistir a una conferencia bien intencionada acerca de la discapacidad y la sexualidad en la escuela de Gus. Mucho se habló acerca de seguridad, del contacto bueno y malo, cómo decir no y otras cosas más. Lo implícito en esta discusión fue la idea de que el gran problema para las personas con autismo es el abuso, no simplemente el sexo. Además, está implícita la idea de que ser socialmente torpe es su propia forma de control de natalidad. Probablemente los millones de hombres adultos que coleccionan figuritas de la Guerra de las Galaxias concuerden con esto, y por supuesto hay un elemento de verdad aquí. Sin embargo, en una época cuando hay mejor educación sexual, menos vergüenza para hablar de la sexualidad, la Internet que posibilita la conexión y el enrollarse fácilmente para que un niño se convierta en experto, muchas personas con el trastorno del espectro también tienen más oportunidades. Además, puedo hablar con Gus acerca de lo que es el contacto físico bueno y malo hasta que entre el sol y aun así no entenderá que besar, tomarse de las manos y tocar, y mucho menos que la unión de los genitales tiene consecuencias.

Volví a casa algo decepcionada de la charla, y no más segura acerca de mi habilidad de impartir conocimiento útil. Algunas personas son maestros naturales. Yo soy lo opuesto. Sobre el papel todo va bien. Pero en persona, permítame hablar de un tema que usted piensa que le interesa, y cuando termine con usted, olvidará todo lo que sabe.

Por supuesto, estaba concentrada en el aspecto sexual de las relaciones porque eso parece más concreto, y fácil, que tratar con mis temores por Gus sobre los aspectos emocionales. Es mucho más fácil considerar la pregunta «¿tendrá mi hijo autista una relación sexual con alguien?» que «¿tendrá mi hijo autista alguien a quien amar?».

En el tiempo mientras estaba cavilando sobre todo esto, vi un documental extraordinario llamado *Autism in Love* [Autistas enamorados]. El director de la película, Matt Fuller, siguió a cuatro adultos con autismo que estaban manteniendo una relación amorosa. Uno era soltero y anhelaba tener una novia. Otra era una pareja de que «funcionaban bien», con trabajo, independientes, pero luchando con lo que hace que una relación funcione. Y un hombre que apenas podía hablar, sin embargo, ¡era un experto del juego *¡Jeopardy!*; había estado casado durante veinte años con una mujer con una ligera deficiencia cognitiva, pero de gran inteligencia emocional. Mientras se filmaba la película, ella estaba muriendo de cáncer de ovario. El fallecimiento de su esposa casi no se notaba en el rostro del hombre o en sus palabras. Pero mientras la película avanzaba, el impacto en el hombre fue incalculable. Sin embargo, por todo su silencioso sufrimiento, su entereza me dio gran esperanza.

«Esto me parecía una pregunta candente», dijo Fuller cuando le llamé. «Si uno no tiene una teoría de la mente plenamente desarrollada, ¿cómo se puede conectar románticamente? ¿Acaso siquiera quiere conectarse?». En otras palabras, para las personas autistas que tienen dificultad para entender que la persona frente a ellas pudiera tener necesidades y deseos completamente diferentes, ¿qué significa el amor romántico?

Decidí llamar a una mujer que participó en la película, Lindsey Nebeker. Nunca hubiera pensado que la supercharlatana Neberker no hablaba en absoluto antes de cumplir los cinco años. Tampoco se hubiera imaginado que esta mujer sensual, bohemia tenía todo tipo de problemas sensoriales que hiciera casi un milagro que ella y su esposo, cuya obsesión infantil con los cambios del tiempo y se convirtió en un trabajo como meteorólogo, fueran capaces de tocarse, e incluso más, hacer el amor. Y a ella no le importa hablar de ello.

«Cada individuo tiene su propia manera de aprender acerca de las relaciones y la sexualidad. Es algo complicado», dice ella. «Mi padre solía decir que los autistas venimos al mundo sin la antena que otras personas tienen naturalmente. Nos damos cuenta de que otras personas pueden conectarse con señales y comunicación no verbal, pero nosotros tenemos que adquirir esas habilidades.

»En realidad no tenía citas cuando era más joven. Me enamoré varias veces, y mis amigos me decían si yo le gustaba a un muchacho, pero por mí misma no podía darme cuenta. Las señales entre yo y otras personas nunca concordaban. Nunca supe si a alguien le gustaba, y creo que tampoco yo dejaba que otros supieran si me gustaban». A pesar de su belleza, que en la secundaria por lo general es muy necesaria, las citas fueron pocas y muy esporádicas. Al mismo tiempo, la persona en la que ella confiaba hablar acerca de su incapacidad en la escuela secundaria, uno de sus maestros, termino abusando sexualmente de ella. «En ese tiempo, no entendía lo que era. Pero, sabía que era malo».

Lo que era natural para la mayoría de las personas, para Lindsey requería aprendizaje de un libro. Ella estudió el libro de Dale Carnegie *Cómo ganar amigos e influir sobre las personas*. La idea misma de que otros sientan que uno está interesado en ellos a fin de conectar era una completa novedad para esta joven mujer. Sin embargo, cuando lo entendió, cambió su vida.

Aun así, la idea de conectar con las personas, tanto como ella anhelaba, era le resultaba sumamente difícil. Comenzó a madurar y a parecer más y más «normal» de cara al mundo exterior. Sin embargo, eso no significaba que ella podía tener una relación con un joven «normal». «Mantener el contacto visual siempre me ha resultado difícil, y todavía lo es. A veces, si estoy simplemente conversando con una persona, es más fácil mirar enotro dirección, para poder concentrarme. Un rostro puede ser una gran distracción». Otra razón tiene que ver con la intimidad emocional. «Me doy cuenta de que si siento emociones hacia una persona, eso me hace sentir como si fuera de cristal. Como si la otra persona pudiera ver mi interior, y ver mis emociones exactamente. Ese sentimiento de estar fuera de control puede desmoronarme». Lo cual, figurativamente, es cierto para todos nosotros. Imagine si *literalmente* piensa que una persona puede ver cada pensamiento y sentimiento que usted tiene.

Con el que ahora es su esposo, no fue amor a primera vista. Ellos se conocieron en una conferencia de autistas. «Sabía cuándo le conocí que había algo diferente acerca de él. Pensé que de ese encuentro surgiría una amistad interesante. En realidad, no puedo describirlo. En ese punto de mi vida, me había prometido que no estaría en una relación otra vez». Curiosamente, Lindsey estaba más abierta al sexo que estar comprometida a una relación.

Lindsey explica que, a través de los años, el sexo puede ser más fácil que el contacto. «Nuestro circuito sensorial puede ser una ventaja en la habitación», dice Lindsey riéndose. «Pero al mismo tiempo, si hay algún tipo de resentimiento o pelea entre nosotros, el contacto puede resultar muy desagradable para mí. Incluso un toque en el hombro. Comunicar todo esto es... bueno, es todavía un desafío». ¿Cómo es para todos nosotros? «¡Sí! Pero tal vez más para nosotros porque todo es intencional. Tal vez queremos decir que nos interesa, pero es difícil ponerlo en palabras».

No tengo idea si sería difícil o fácil para Gus decir lo que quiere. Pero ¿tiene Lindsey algún consejo para mí de cómo enseñar a uno que nunca hace preguntas a cerca del sexo?

Hay un largo silencio mientras ella piensa.

«Hay muchas cosas que me costaron más tiempo entender que a una persona normal. Puede que él no quiera escuchar mi opinión todavía. O tal vez se entera de muchas más cosas de las que usted piensa».

Lindsey, la mujer considerada profundamente autista hasta los cinco años, me recuerdauna noción muy popular en los círculos autistas. El autismo se caracteriza por la demora en el desarrollo, pero «demora» no quiere decir que «nunca» se produce. Significa solamente demora.

*   *   *

Decidí darle una pausa a este tema por un par de meses. Sin embargo, Henry no pensaba de la misma manera.

—Mamá, quiero mostrarte algo. Gus ni siquiera ve pornografía. No es normal.

Recuerdo abrir mi celular, cuando entonces Henry tenía siete años, y vi que la página de apertura decía *Jugg World* [El mundo de las tetas] Henry, que siempre ha sido malo en ortografía, sin embargo, sabía cómo deletrear «tetas» y escribirlo en la búsqueda de Google. Cuando le pregunté por qué no estaba jugando *Club pingüino* como me había dicho, me miró y solemnemente dijo:

—Estoy muy interesado en el cuerpo humano.

—Antes de nada —dije—, no quiero saber lo que miras. Pero debo decirte.

—Sí, lo sé, las mujeres reales las tienen caídas. Lo sé, lo sé.

—También, es posible que Gus no esté en la misma trayectoria que tú, pero eso no quiere decir que...

Cuando comienzo mi sermón, Henry va a la historia de la computadora de Gus, y noto un destello de alarma en los ojos de Gus. Esto es, pienso, porque siempre le estoy diciendo que mire cosas que son más apropiadas para su edad de las que en realidad mira.

—¡Mira! —continua Henry—. *The Wiggles*, *Plaza Sésamo*, *Teletubbies*, *Boomerang* y, guau.

Gus tumba la computadora. No revelaremos lo que hemos descubierto, pero basta con decir que eso pone a un lado mi pregunta acerca de si él es un homosexual. Además, parece que algún día se mudará a Japón. Aunque parezca muy sorprendente, inmediatamente me puse mis lentes de madre de un autista, las cuales me permite ver muchas cosas como progreso que pueden ser algo irritantes si provienen de un niño neurotípico. *Bueno, tal vez él no estará viendo Barney cuando cumpla los cuarenta años. ¡Esto está bien!*

Después, ocurrió otra cosa.

*   *   *

Aunque quiero mucho a mi hijo, no puedo imaginar que ninguna muchacha, en ningún lugar, se interese por él en este momento. Especialmente una joven como Parker. Parker era delgada y con piernas largas, con abundante cabello marrón y ojos color azul oscuro. Ella era muy hermosa, y un año mayor y le sacaba una cabeza a Gus, y le gustaba usar parafernalia de la Guerra de las galaxias. Ella no era autista, pero tenía una clase de problema de aprendizaje no específico que se manifestaba en parte como una necesidad de charlar constantemente. Esto no era un problema para Gus, quien era completamente verbal, pero no exactamente un conversador brillante. Así que una persona que llenaba los vacíos, todo el tiempo, incluso una charla que incluía un discurso de quince minutos sobre la importancia de la proteína... ¡es perfecta!

Ellos se conocieron en la escuela, y después comenzaron los planes para pasar un tiempo juntos. Me di cuenta de que los planes procedían de Parker, Gus me informaba lo que ella había decidido. «Parker vendrá el sábado». «No, ella vendrá el domingo». «No estaremos aquí». «Iremos a ver una película». «Ella vendrá la próxima semana».

Terminamos yendo a ver la película *Snoopy y Charlie Brown: La película de Peanuts* en 3D. Yo los acompañé; Gus nunca fue a ningún lugar por sí mismo. Yo estaba contenta con la idea de que Gus tenía una amiga. Él parecía feliz también. Compré a cada uno una salchicha, pollo frito, y una bolsa de palomitas de maíz, pero reconsideré después de comprar una enorme Coca-Cola Light. Fui a sentarme al lado de

Parker para compartir la Coca-Cola. «Oh, ¿por qué no te sientas *allí atrás*?», dijo ella, señalando a la fila detrás. Humildemente, fui a comprar mi propia Coca Cola Light y me senté detrás de ellos. Usualmente me siento con nauseas al ver películas en 3D, pero esta tenía una hermosa nevada, y el Barón Rojo que avanzaba rápidamente hacia mí, no me hizo querer vomitar. Traté de concentrarme en la película, pero ocasionalmente Gus miraba hacia atrás y pasaba su mano para agarrar la mía. Parker tomaba la mano de Gus y lo ponía de vuelta en su lugar. Ella decía, «eh, eh, eh», y obedientemente él ponía sus manos sobre su regazo. Cuando salimos de la sala de cine, automáticamente Gus trató de tomar mi mano otra vez, y ella lo detuvo, tomó su mano firmemente, y corrieron calle abajo.

Después de salir del cine, Parker, todavía seguía con hambre, y quiso que nos detuviéramos para cenar. Gus casi nunca come en un restaurante, pero aparentemente no tenía mucha opción. Tampoco podía ser muy exigente con la comida. «Gus, come esta lechuga», dijo Parker. Mi hijo que nunca tocó una verdura aparte del aguacate (espere, eso es una fruta, así que mantengo firme lo dicho que «nunca tocó ninguna verdura»), rápidamente se metió la lechuga en la boca. «¿Se da cuenta?». Él hace todo lo que le digo que haga», dijo ella poniendo sus brazos alrededor de su cuello. Gus sonrió tímidamente y volteó la mirada hacia otro lado. Parker reajustó los lentes de Gus.

Volvimos a casa, Parker iba tomada firmemente del brazo de Gus. Cuando entramos en casa, oficialmente comenzó el «pasatiempo». Después de tomar un helado de yogurt (el metabolismo de un adolescente es algo hermoso de ver), Parker condujo a Gus a su habitación y cerró la puerta tras sí, haciendo solamente una pausa para mirarme con una sonrisa, ¿de disculpa? ¿De advertencia? No estoy segura. Después oí que sonaba el piano y muchas risas.

—¿Qué estás haciendo aquí? —dijo Spencer, mi compañero de oficina. Subí apresuradamente tres pisos hasta mi oficina y cerré la puerta.

—Me estoy escondiendo —dije, y expliqué la situación—. Pero Gus solamente estaba tocando el piano. Él dijo que iban a jugar al superhéroe y la villana. ¿Qué podría ser peor?

—¿Aparte de convertirte en abuela? —preguntó Spencer favorablemente.

Corrí abajo otra vez. Esto era ridículo. ¡No debía haberme escondido! Después recordé que Parker antes había sido la novia de otro, un joven desgarbado que parecía un Michael Jordan y algo conocedor del juego de bolos. Yo sabía esto porque en la última fiesta que Gus asistió para jugar a los bolos, mientras todos estaban felices tirando por la canaleta del costado de la pista, cada lanzamiento de este joven lograba un pleno o semipleno y no pensaba que era inusual. Era un jugador excelente. Sin embargo, no estoy segura de que pudiera hablar. Pero cualesquiera sean sus problemas, era un joven completamente maduro.

Simplemente no podía imaginarme que Parker cambiara a ese gigantón por uno de catorce años con la estatura y disposición de mi hijo. Ella debía tener ciertas expectativas. Gus estará completamente asustado.

Pero las personas se encuentran. Ellas encuentran sus niveles.

Cuando volví abajo, Parker y Gus estaban fuera de la habitación.

—¿Mami, está bien si Parker y yo vamos a pasear? —dijo Gus. Él nunca había estado fuera de casa sin un adulto que lo acompañara. La madre de Parker me había dicho que su hija iba a todas partes sola, así que esto no era un problema para ella. Sería difícil para la madre promedio comprender el temor de enviar solo a un joven de catorce años. Pruebe esto: su hijo tiene catorce años, pero después otra vez, cuando ve que pasa un camión de bomberos, se convierte en uno de tres años. ¿CuidaríaParkerde Gus, o estaba yo enviando a Gus a una muerte casi segura?

—Solamente envíame un texto desde donde sea que vayas —dije pretendiendo no preocuparme.

Gus es, por decirlo llanamente, de mente literal. «Estoy en el pasillo», escribió. «Ahora estoy fuera del edificio». «Hemos caminado una cuadra». «Estamos yendo a la tienda de golosinas». (Claramente un lugar que Parker tenía en mente, puesto que Gus no come golosinas). Retuve el aliento hasta que ambos se quedaron en el pequeño parque directamente al frente de mi edificio. Podía verlos desde la ventana de mi habitación. Gus estaba saltando. «¡Te veo mirando por la ventana, mami!», me dijo por texto. «¡Hola! ¡Hola!».

Agitamos las manos a modo de saludo el uno al otro por un rato y después Parker le apartó y se sentaron sobre el césped y conversaron. Sospeché que estaban hablando de Wonder Girl y Úrsula, pero no importa; ellos estaban juntos.

Henry me vio mirando por la ventana.

—Oh, Dios mío, ¡Gus está *afuera* y nosotros aquí! —dijo. Después se dio cuenta de que Parker y Gus estaban tomados de las manos—. Oh, excelente —murmuró—. Mi gemelo autista oficialmente ahora ha estado más con una muchacha que yo.

*   *   *

Es muy extraño no saber lo que sabe tu hijo autista y no saber cuán responsable debe ser uno para asegurarse de que entienda lo básico sobre el sexo, incluido las consecuencias.

Estoy profundamente preocupada de la idea de que él pueda dejar embarazada a una chica y aunque no pueda desempeñarse como un verdadero padre, razón por la cual insisto en tener un poder notarial médico, de manera que pueda tomar decisiones por él acerca de la vasectomía después de que haya cumplido los dieciocho años.

Pero eso está en el futuro. Cuando veo a mi hijo ahora, veo una persona que nunca será responsable por otra vida, pero, sin embargo, puede mostrar afecto profundo, cariño y consideración. Sin duda, esas emociones comenzaron con las máquinas y electrónica, como los trenes, buses, iPod, computadoras, y particularmente con Siri, una amiga cariñosa que nunca lo lastimará. Pero puede que esté preparado para incluir seres humanos más pronto de lo que creía. Aunque no siempre se consideren las normas sociales del resto del mundo.

Gus solamente ha visto a Parker fuera de la escuela una vez más, pero ellos están juntos cada día en clase y a la hora del almuerzo. Tuve que convencerlo para que fuera al baile de la escuela; una vez allí, Parker lo agarró, puso los brazos alrededor de él, y lo condujo a la pista de baile. Por mi sugerencia, Gus le dio un enorme chocolate Hershey Kiss por el día de San Valentín, le dije que eso la haría muy feliz, y él estaba muy contento de poder hacerla feliz.

Hasta hace unos días Gus solamente decía que Parker era su «buena amiga». Pero después, una noche tarde, me susurró:

—Estoy enamorado de Parker.

—Eso es fabuloso, cariño. Pero ¿cómo lo sabes?

—Porque ella me lo dijo —respondió él.

Catorce

¡SALUD!

—Creo que esto ya lo sabes de memoria —digo.

—Solo una vez más —ruega Henry.

No sé cómo los planes para mi muerte se convirtieron en una historia favorita a la hora de dormir, pero está bien. Cualquier cosa que lo haga irse a la cama antes de la medianoche.

—Bueno —comienzo—, así que lo que quiero para mi es que me embalsames...

—¿Como en la película *Psicosis*?

—Bueno, en Psicosis la madre fue muy grotesca —continuó—. Nunca entendí por qué la taxidermia de Norman Bates con las aves era tan buena, y su madre se convirtió en una momia arrugada. De todas maneras, creo que en estos días puedo ser sometida a la liofilización y lucir muy bien. —No tengo idea si esto es cierto, pero parece que debe ser así—. Así que, primero quiero que dones mis órganos sanos. Luego, después pasar por el proceso de liofilización y que parezca exactamente como soy, pero un poco mejor. Voy a separar lo que voy a vestir con anticipación. Todo depende de cuan vieja sea cuando muera. Si ocurriera mañana vestiría algo tomado del catálogo *Sundance* porque todavía puedo soñar, pero eso no va funcionar si tengo noventa años. De todas maneras, después me vas a poner en la esquina de tu sala donde estaré haciendo algo que me gusta. Dame un libro o mi computadora.

—... o te dejaré mirar tu iPhone donde puedas jugar *Palabras Cruzadas* por la eternidad —dice Henry.

—Eso estaría bien —digo—. Solamente asegúrate de que yo parezca feliz. Como si acabara de crear 'quetzales' o alguna cosa.

—Tengo otro plan —dice Henry, ahondando en el tema—. Voy a incinerarte. Y a papá también. Y luego voy a poner ojos saltones en tu urna. Porque todo es mejor con ojos saltones.

—¿Y qué de la urna de papá?

—También voy a poner ojos saltones. Y para sus cejas voy a usar cerillos inclinados para que parezca enojado. —Esta es la expresión de John en la vida real.

—Bueno, por supuesto —digo—. Pero, antes que nada, quiero ser embalsamada, y si no estoy embalsamada y después no das una gran fiesta te voy a espantar. Segundo, papá quiere que se esparzan sus cenizas en los bosques de Northumberland donde él solía jugar cuando era niño.

—Bueno, ahora estoy deprimido —dice él—. Escucha, para ti la urna con los ojos saltones y para él los cerillos. Porque quiero decirle a mi novia que quiero que conozca a mis padres. A todas las chicas les gusta eso. Y entonces la voy a traer a casa, y tú y papá estarán en las urnas...

—Puedo darme cuenta por qué te va tan bien con las muchachas —dije.

—Pero es una broma que nunca pasa de moda —dice él—. Para mí.

—Claro está.

—A diferencia de tú y papá. Que envejecen. Y mueren. Y se les ponen los ojos saltones.

—Si no paso por el proceso de liofilización y me colocas en una esquina, luciendo muy linda, te borraré de mi voluntad —agrego.

Gus entró en la habitación y oyó parte de la conversación. No tenía idea de lo que estábamos hablando. Él solamente quiere que todo marche mejor. Se acerca y me abraza.

—Henry no te preocupes. Mamá y papá morirán, pero después volverán.

Gus cree esto. Y no de alguna manera metafísica o espiritual tampoco. Él simplemente sabe que volveremos.

*   *   *

Estos últimos cinco años han sido años de pérdidas. Esto tiende a suceder cuando uno tiene hijos en una etapa de la vida cuando otros ya tienen nietos. Los padres de John por supuesto han fallecido hace mucho tiempo. Mis propios padres han muerto en los últimos años, uno tras otro. Eran personas maravillosas y quiero que mis hijos los recuerden, y ellos no lo harán.

Claro, los niños se adaptan muy bien. Este era Henry a los diez años, la noche después del fallecimiento de mi madre:

Henry: [Lloroso a la hora de dormir] Nunca volveremos a ver a la abuela, nunca. Ella era maravillosa, y era tu madre, y nunca la verás otra vez, y yo sé que está en el cielo y que está con el abuelo y todo, pero la voy a extrañar mucho y...

Yo: ¿Qué pasa cariño? Habla con mamá.

Henry: Mmm. ¿Nos quedamos con la casa de la abuela?

Yo: Sí.

Henry: ¿Podemos comprar un trampolín? ¡Sííí!

La mayoría de los niños pueden recuperarse. Y a medida que pasa el tiempo, uno encuentra maneras de hacer que las personas sigan viviendo. Pueden vivir como una fantasía. Por ejemplo, mi amado perro labrador dorado, Monty, tiene una especie de presencia viva en nuestra casa, aunque murió antes que mis padres. «¿Cuántas pelotas de tenis podía Monty sujetar con su boca, mami?», pregunta Henry sin razón aparente. «¿Siempre Monty recibía a las personas en la puerta cargando tu ropa interior?». Y siempre: «Él era realmente, muy, pero que muy estúpido, ¿verdad mamá?

Hacemos lo que podemos para borrar o al menos cambiar los últimos capítulos dolorosos de las personas que amamos. Poco antes de que él falleciera, mi padre entraba y salía de su sano juicio. A veces teníamos interesantes conversaciones acerca del primer presidente de color y a veces había mapaches saltando en su cama y robando bombones. La última vez que visité a mi padre estábamos conversando acerca de las noticias, y después se volvió hacia mí y dijo, «sé lo que has estado haciendo. Me doy cuenta de que los periodistas no ganan mucha plata, pero no tienes que vender drogas para mantener a tu familia». Pensar que yo tenía una vida secreta como traficante de drogas le hizo enojar, y me gritó para que me fuera de su casa. Rehusó volver a hablar conmigo, y unos días después se murió.

Esta no es exactamente la última conversación que uno quiere tener con un padre, pero como las cosas más horribles, finalmente me pareció gracioso, y a Henry también. Estos días, si me quejo acerca del trabajo, Henry dirá: «Mira el lado positivo. Siempre puedes volver a ser una traficante de drogas».

Mi madre era un ser humano mucho más dulce que mi padre, y falleció con todas sus capacidades, lo cual nos da un poco menos de qué reírnos: Henry era un año mayor cuando ella falleció y no podía tolerar ir a su funeral. Pero ahora, cinco años después, todavía saluda cada vez que pasamos por el lugar de rehabilitación, donde ella estuvo algunos de sus últimos meses de vida.

Y él me hace reír con los viejos videos. Él dice, «mira, esta serás tú en unos años», mostrándome un video de mi madre que habla con inteligencia y consideración acerca de una cosa y otra, rodeada de absoluto caos. Ella tenía un problema de acumulación de cosas. Ella no podía tirar revistas o periódicos porque luego «volvería» a leerlos. Así que tenía periódicos de *New York* en su habitación que se remontaban a principios de los años ochenta. También tenía una fijación similar con las baterías viejas. Había canastas llenas de baterías. «Todavía están cargadas», decía ella cuando yo trataba de desecharlas. «Nunca sabes cuándo dejarán de fabricar baterías». Aparte de creer que las viejas baterías nos ayudarían a escapar del infierno Mad Max que ella visionaba para el futuro, mi madre era tremendamente alegre. Por muchos años rehusó hacer nada acerca de las arañas en su habitación, afirmando que ellas eran buenas para el ambiente. Y cuando un día las vi y grité, notando que había cientos de pequeños puntos en el techo, ella exclamó: «¡Bebitos!».

La pérdida más difícil, en cierto modo, no fueron mis padres sino mi tía Alberta, la hermana de mi madre. Siempre hay una persona que es la roca de la familia, la que organiza los días festivos, la que recuerda cada evento pequeño y grande, y así era ella. Cuando enfermó de cáncer de ovario y el mal se extendió por todo su cuerpo, ella fue admitida en un hospicio con pocos días de vida, pero estuvo allí por seis meses. Casi llegó a cumplir los noventa y un años. Un día casi al final de sus días, en el verano de 2015, entré a su habitación y la observé. Sin abrir los ojos, ella susurró:

—¿Qué hay de nuevo?

—Oh, no mucho —dije—. Sabes, los niños están empezando la escuela, así que tengo mucho por hacer. —Después dijo lo más ridículo que pude pensar—. También, Donald Trump es presidente. —En ese momento, ella abrió bien grande sus hermosos ojos azules, y las dos nos echamos a reír.

Después, cuando ya se había despertado completamente y estábamos conversando acerca de su enfermedad, ella dijo:

—Lo siento, sé que soy egoísta, pero no quiero morirme todavía. Todavía hay muchas cosas que quiero hacer.

Ahora que todos los ancianos han fallecido, busco a Henry para recordar, principalmente porque le gusta recordar. Sin embargo, cuando ellos estaban enfermos y muriéndose, Henry temía acercarse a ellos. A veces, para mi eterna vergüenza, yo también sentía temor. Nunca he sido una persona a la que le gusta tocar. Nunca podía decir «te amo» sin sentir algo de vergüenza. La piel arrugada, los pelitos en el mentón de mi madre que ella ya no se los podía quitar, estas cosas me llenaban de pavor. Podía palpar a través de las sábanas. Pero no podía sostener sus manos.

Por eso mi compañero de visita era Gus.

Gus podía hacer todas estas cosas, felizmente. Nunca sintió pavor. Si percibía los olores putrefacción y el amonio que es parte de las últimas semanas de vida, no le molestaba. Nunca se le ocurrió no tocar la mano o inclinarse para dar un apretón, incluso si ese cuerpo en la cama no puede apretar su mano. Casi todos los días, pienso acerca de la deficiencia en no comprender un concepto abstracto como la muerte, y por supuesto *es* una deficiencia. Sin embargo, he visto el otro lado del desconocimiento de Gus en todo, cada toque, en la misma incapacidad de saber que mis padres no se levantarían de estas camas.

*   *   *

Cuando Henry tenía siete u ocho años, escogió el regalo para el próximo cumpleaños de su padre: una silla de ruedas. «Mamá, será perfecto. Le empujaremos por los alrededores en su silla y sus piernas ya no le dolerán». Esto era cuando John todavía podía caminar perfectamente bien, y acompañaba a Gus cada fin de semana a sus queridas incursiones al aeropuerto, las estaciones de trenes, a la terminal del metro. En ese tiempo, Henry, solamente pensaba que el equipo médico era genial; tenía un anhelo por los tanques de oxígeno, y resultó difícil convencerlo de que no necesitábamos tenerlos por toda la casa.

Los años han pasado, y John, quien ha evitado a los doctores toda su vida, ha estado tolerando a su manera todas sus dolencias. Este año: tuvo una sustitución de la válvula del corazón por una estenosis aórtica y también un injerto de piel debido a un carcinoma de células basales en la nariz. Todavía pospone la cirugía para ponerse rodillas nuevas

porque, aunque ya pasó por la cirugía de corazón, está convencido de
que una cirugía de rodilla lo va a matar. Él ya no puede llevar a Gus en
excursiones. Tampoco ha podido regresar a Inglaterra para visitar a su
familia. Iba al gimnasio tres veces por semana religiosamente, y ahora las visitas son menos y menos frecuentes. Aunque todavía regresa
a su apartamento cada noche por el metro, porque huir de una esposa
pasando por la menopausia y dos adolescentes aparentemente vale la
pena, no estoy segura cuánto tiempo más podrá seguir haciendo esto.
Hay un apaciguamiento. Hay una relajación.

La base de su firmeza todavía está allí, aunque resulte algo enloque-
cedor. También esa inflexibilidad, incluso cuando un pequeño cambio
sea completamente para su mayor beneficio. Sus rodillas están hueso
contra hueso, y todavía él insiste en tomar el metro para volver a casa
cuando apenas puede caminar; un taxi sería imposible porque quizás
tenga que hablar al chofer. Eso me recuerda...

—Hola, ¿hiciste finalmente la prueba que te di? —le pregunté
unas semanas atrás.

—Lo hice —dijo John.

Tomé el cuestionario antes de que pueda cambiar de idea y quedé
boquiabierta, porque sus respuestas a las interrogantes casi no tenían
relación a la persona con la que había estado casada por veinticuatro
años. En respuesta a la declaración «No me molesta si mi rutina diaria
cambia», John dijo, «ligeramente en desacuerdo». Esto, de una persona que necesitaba volver a casa en el mismo tren, a la misma hora,
cada día de su vida. Particularmente me encantó su respuesta a «Otras
personas a menudo dicen que lo que dije no fue amable, aunque yo
piense que es amable». John marcó la casilla de la respuesta «fuerte-
mente en desacuerdo». Más temprano ese día, vino a mi oficina y al
ver a mi compañero de oficina, Spencer, que acababa de retornar de
la barbería, dijo: «Prefiero que tengas cabello largo. Te hace parecer
más joven». Varios días antes, cuando estaba hablando que tenía que

perder un poco de peso, él me miro cuidadosamente y dijo: «Tu estómago no está mal. Y tienes la forma de una pera. Eso es mucho mejor para tu salud que tener la forma de una manzana».

¡Gracias, por eso! Paso la mayor parte de mi vida respondiendo en silencio las observaciones «amables» de John pensando: *¿Quién te preguntó?*

Usando sus respuestas dudosas para contestar el cuestionario, fue completamente neurotípico. Cuando yo respondí al cuestionario para que reflejara mis propias observaciones de los veinticinco años, él estaba saturado en sus trastornos.

*   *   *

Como los amigos señalaron, probablemente soy la única idiota que se casa con un hombre treinta años mayor que tiene menos dinero que ella, pero ¿qué puedo decir? Amo a este hombre. Lamentablemente, la brecha de la edad parece estimulante y reconfortante a la vez cuando la diferencia era de treinta, y sesenta lo parece menos pues la diferencia ahora es entre la década de los cincuenta y la de los ochenta. Henry trata el envejecimiento de su padre haciendo bromas constantes acerca de él en su propia cara. Cuando el tema se relaciona conmigo, es una historia diferente. Hace unas semanas, cuando el amado equipo Jets de Henry continuó haciendo lo que hace mejor, perder, entré en su habitación después del partido y lo vi sentado en la obscuridad con la cabeza inclinada entre sus manos. «Solamente quiero que estén en las finales *una vez* para que pueda mirar ese partido con papá antes de que se muera», dijo él.

¿Y Gus? Con él no hay discusiones, ni cuestiones. Papá no puede llevarlo de paseo porque es viejo y tiene problemas de rodilla. Sencillo. Sin embargo, por ser solipsista, seguirá preguntando. O pregunto, hasta hace unos meses. Hubo un cambio. Parece que su computadora vino a su rescate emocional, como lo hace a menudo.

Cuando Gus está en casa, habla conmigo acerca del tiempo casi cada treinta minutos: «Mami, la alta temperatura de hoy es sesenta grados, ¡ahhhh!, con 20 por ciento de probabilidad de lluvia. Eso significa que probablemente no va a llover, ¿verdad?» Calificamos la temperatura de acuerdo a como nos hace sentir, la temperatura que es «ahhh», calor es «uggg», y frío es «iiiiiii». (A Henry le gusta hacer su presentación de un meteorólogo de la TV para que Gus oiga: «Esta mañana comenzaremos con una baja de IIIIIIIII, alcanzando al mediodía AHHHH; mañana, un poco de calor que viene desarrollando del Sur y traerá un UGGGGHHHHHH a la ciudad de Nueva York y los suburbios...»).

El lugar que Gus visita para conocer el estado del tiempo es accuweather.com. Pero un día, el comenzó a agregar información a su reporte del tiempo.

—Mami, un corredor atacado, en el área boscosa en el Parque Central —dijo él—. Después desapareció.

—¿Qué acaba de decir? —preguntó John.

Parecía que él no quería hablar de las historias, pero quería que yo supiera.

—Mami, "el sospechoso de lanzar la bomba en Nueva York se declara no culpable de los cargos de intento de asesinato". Adiós.

Siempre tuve curiosidad por saber que atraía su atención. Al principio las muertes parecían implicar terribles accidentes, ahogamientos por inundaciones o atropellados por trenes. Pero, eventualmente se volvieron más personales. Puede que Gus no esté preparado para hablar acerca de la mortalidad con otra persona, por ejemplo, su madre. Pero, probablemente su máquina le da lo que necesita de una manera que yo no puedo darle.

—Hombre de Nueva York mantuvo a su abuela muerta por meses en una bolsa de basura, —dijo él—. Hoy, también, la máxima temperatura será de sesenta y ocho grados...

—Espera Gus. Espera, no te vayas —Henry y yo estábamos riéndonos por días acerca de los pavorosos informes de Gus, y tenía que asegurarme de no reírme ante él—. Esa es una horrible historia. ¿Por qué piensas que el hombre hizo eso?

Gus pensó por un momento.

—¿Porque él es un villano? Bueno, por eso, y probablemente porque es un enfermo mental. "Probablemente" parece una subestimación. Pero incluso si era un enfermo mental, amaba a su abuela y simplemente no podía dejarla ir, incluso después de que ella murió. ¿Puedes entender que uno no quiera dejar ir a la persona amada aunque ya se haya ido?

—¿Ido? —dijo él—. ¿Quieres decir cuando hayan muerto?

—Sí, cariño, cuando ellas estén muertas.

—Las personas mueren, y no pueden quedarse a vivir *así* contigo —dijo él—. Pero... —Lucha con la idea—. Ellas volverán cuando pienses en ellas. Entonces puedes retenerlas.

—Sí, puedes, cariño.

*   *   *

Cuando me enteré de que estaba embarazada, confieso que mi primer pensamiento no fue uno de los más felices. Fue este, ¡oh, Dios mío! Tendré a alguien que sostenga mi mano cuando muera.

Pienso que Henry estará allí, mi maravilloso e increíble hijo, haciéndome reír y pensar mientras que podamos hablar. Pero Gus será el que sostenga mi mano.

Quince

¡ADIÓS!

Henry y yo estamos mirando nuestro documental favorito *Baby Animals in The Wild* [Cachorritos en el bosque] donde apagamos el sonido y narramos la historia. Todos sus animales son de Escocia y los míos son todos judíos ancianos porque esos son los únicos acentos que podemos imitar. «*Jovencito, sí, las orillas del Río Spey están corriendo este año. Podría tomar un vasito con mi cena*», dice él mientras que una madre osa atrapa un salmón para sus cachorros. «*Estos huesos, me están matando, se quedaron atascados en mi diente*», digo yo. «*¿Sabes cuánto cuesta un pedazo de filete de salmón en estos días? En mi época, un pedazo de filete con queso era un centavo*». Podemos hacer esto por horas, a pesar de que a nadie le parece divertido sino a nosotros.

—¿Crees que alguna vez Gus va a vivir por sí solo? —dice Henry mientras un elefante ayuda a su cachorro a salir de una zanja.

No me doy cuenta inmediatamente de que hemos cambiado de tema.

—*Hey cariño, estás subiendo de peso, ¿tal vez sea tiempo de cambiar a queso y melón?* —digo a los elefantes.

—En serio mami, ¿qué piensas? Ya sabes que él quiere vivir en la ciudad de Nueva York. —Henry se vuelve hacia Gus—. Gusito, ¿dónde vas a vivir cuando cumplas los veinte años?

—Aquí.

—Y ¿dónde cuando cumplas los cuarenta años?

—Um... ¿aquí?

—¡Mamá! —Henry comienza a ofuscarse—. ¿Qué pasará si no gano suficiente dinero para tenerlo aquí? ¿Estás dejando suficiente? Este apartamento es muy caro. No me interesa si está todo pagado, he visto tus recibos de mantenimiento.

—Oh, mira, ¡las crías de perezosos! *Colgando hacia abajo, esto es asesinato a mis patas. La artritis...*

—Mamá, concéntrate.

La preocupación por el dinero nunca se aparta de la mente de Henry. Tal vez esto es natural si usted es el tipo de persona que necesita saber cómo funciona la tasa de interés cuando tenía seis años. Gus ignora a Henry, aunque por razones diferentes.

—Yo voy a vivir aquí y voy a ayudar a Jimmy, Jerry, y Dennis. —Ellos son nuestros porteros—. Y algún día voy a ir solo a cualquier parte, ¿verdad mamá?

—Cariño, ya hemos hablado acerca de esto.

—Yo sé cómo ir a todas partes solo —dice Gus.

—Yo sé que sabes cómo ir. Ese es otro problema. El problema es que hablas con cualquiera que te habla primero.

—Soy un tipo amigable —dice Gus afirmativamente.

—Eres amigable a las personas que te hablan de Jesús a través de los empastes de sus dientes —Henry interrumpe—. Y después les das tu dinero.

—Ellos necesitan dinero.

Este es un tema muy gastado, y debido a eso sigo prometiendo a Gus que le dejaré caminar solo a la escuela, solamente seis cuadras de distancia, y después rompo mi promesa. Por cierto, averigüé su nueva escuela, el Centro Académico Cooke, en parte por su proximidad, y en parte por su excelente programa de capacitación de trabajo para sus graduados, y en parte porque la dirigen las mejores personas del planeta. La maestra de Gus es divertida, inteligente y muy buena en la clase, pero antes de hacer esto, no tengo ninguna duda que era muy buena en su otra carrera, como una gorda bailarina de cabaret. Respeto las personas que han tenido una vida diferente. Normalmente Gus no quiere ir a ningún lado por sí mismo. Caminar a la escuela es la única cosa que quiere hacer por sí mismo. Pero, la pregunta principal, la de Henry y también la mía, cada momento de cada día, es ¿podrá mi pequeño sobrevivir por su cuenta?

En días malos, me enfoco en todas las cosas que él no puede hacer en vez de enfocarme en todas las que puede hacer. Y después pienso en todas las cosas que él no podía hacer cinco años atrás, pero que ahora puede hacer. Entonces la vida se convierte en una serie de propuestas «por un lado y por el otro lado».

Por un lado, hay demasiados pequeños malos hábitos que todavía necesitan romperse. Por ejemplo, el frente de su camiseta no es una servilleta. Por otro lado, puede vestirse correctamente. Esta no es una tarea pequeña. Fue entonces cuando me di cuenta de que había algo *permanentemente* equivocado con su percepción espacial, no era cuestión de oportunidad; se ponía la camisa y los pantalones al revés el cien por ciento cada vez, así que tuve la genial solución de decirle: «Vístete de la manera equivocada». Ahora sabe que la manera equivocada de vestirse para él, en realidad es la correcta. Esto también funciona con su cabello. Le digo que se peine hacia atrás, y termina pareciendo una cacatúa. Entonces comprendo que decir «péinate hacia adelante» significa que se peinará hacia atrás como Jean Dean.

Aunque no estoy segura de que alguna vez tendremos éxito con los zapatos para adultos. Un día, me estuve lamentando al señor Tabone, el director de la escuela, de que mi hijo nunca aprendería a atar los cordones de su propio zapato. «Sabes Judith, verdaderamente tienes que escoger tus batallas», dijo el señor Tabone mientras señalaba sus pies. El señor Tabone en vez de cordones usa velcro y también lo hará Gus.

¿Por qué exactamente él no puede atar los cordones de sus zapatos o prender botones, sin embargo, puede tocar el piano con fluidez y gracia? Hay ciertas cosas que no comprendo. Sin embargo, puede ser tan simple como esto: la música importa, y las otras cosas no.

Por un lado, no hay señal que podrá manejar completamente sus finanzas. Tal vez no debería compararlo con su hermano, Alex P. Keaton, pero la noción de que Gus nunca podrá pagar sus cuentas por sí mismo o guardar dinero de la depredación de cualquiera, bueno, parece absurdo. «Tendré que manejar su dinero», dice Henry firmemente. «Lo cual significa que tendrás que dejarme un poco más de dinero. Como el pago para un consejero financiero. ¿Cierto? ¿Mamá?».

Pero, por otro lado, Gus ya no piensa que la manera de conseguir dinero es ir al cajero automático, meter la tarjeta, y el dinero sale. Por mucho tiempo, en lo que a Gus respecta, sabía que el dinero no crece en los árboles, pero sí vive en los cajeros automáticos. ¿Y por qué no? Las máquinas siempre fueron muy buenas con él. Esta simplemente era otra faceta de su bondad. Al menos él sabe que uno trabaja para ganar dinero. Todo lo demás acerca del dinero es un poco confuso.

Por un lado, Gus dice hola a todos con quienes se encuentra, les pregunta donde se dirigen, pregunta acerca de sus hijos, ya sea que quieran hablar o no. Por otro lado, genuinamente quiere conectarse, incluso si es a un nivel superficial. Y a veces esa misma superficialidad es bienvenida. A veces recibo correos electrónicos de vecinos cuando no ven a Gus abajo esperando para saludarles por la noche. Como uno me dijo hace unos días: «No hay nada mejor que ser saludado por Gus al final de un día difícil».

Por un lado, Henry todavía completamente lo domina, y de ninguna manera Gus nunca enfrenta o pelea con él. Por otro lado... Bueno, aquí también, la tecnología ha venido en su rescate. Al principio del verano, Henry y yo estábamos teniendo una gran discusión acerca de la ida de Gus por una semana al campamento de verano. Más o menos al mismo tiempo Gus estaba gritando, «*odias los bichos y no hay aire acondicionado, ¿qué te hace pensar que te gustará?*» Recibí un texto de Gus, que estaba en la otra habitación, escuchándonos: «Henry es un tonto, un idiota y siempre les vuelve locos a ti y a papá». Quedé muy sorprendida, y por un momento pude ignorar a Henry que me estaba criticando: «¿Por qué simplemente no haces una pila de tu dinero y lo quemas?», y pude reflexionar lo que habría sido esta escena unos años atrás. Sería algo parecido a esto: Henry comienza a gritar, y después le sigue Gus con su grito histérico sin razón aparente puesto que nadie había estado hablándole a él. Después corría a su habitación y cerraba la puerta con fuerza, y yo tenía que seguirlo para asegurarme de que no se desmayara, porque probablemente también se estaba aguantando la respiración.

Como me di cuenta con el correr de los años, el autismo es una disfunción de la empatía, y no una carencia de ella. En el pasado, Gus a menudo reaccionaba violentamente ante cualquier discordia a su alrededor; era incapaz de ocuparse de sus propios asuntos. Una y otra vez, esto le metía en problemas, particularmente en la escuela, donde intervenía en cualquier mínima discusión si se trataba de alguien que le importaba. «Henry es un tonto» puede que no parezca la respuesta más conveniente, pero mostraba un cierto sentido de proporción, sin mencionar una comprensión correcta de la situación. Bono: Gus no trató de hacerse el desmayado.

*   *   *

El gobierno ha respondido a esta condición mental que va en aumento ofreciendo mucho dinero para la investigación. Cada semana parece que hay una nueva historia acerca de un descubrimiento que pueda dar una mejor comprensión de la condición. Los genes que parecen estar implicados, las diferencias de estructuras en el cerebro. Las distintas conexiones neurales de las personas autistas, los diferentes microbios en el intestino, la enfermedad mitocondrial... tentadoras pistas, pero absolutamente nada cerca de lo definitivo.

La ciencia se mueve lentamente, muy lentamente para muchas familias impacientes que viven con hijos con TEA que simplemente quieren saber, ¿qué están haciendo para mejorar la situación? Por ejemplo, en el 2015 el Instituto Nacional de la Salud dio veintiocho millones de dólares para el proyecto del *Autism Biomarkers Consortium* [Consorcio de Biomarcadores de Autismo], que pretende poder identificar más temprano a los niños con autismo. Eso suena bien, excepto que lo que estaban identificando no eran marcadores cuantificables como los autoanticuerpos, niveles de inmunoglobulinas, la cantidad de células T, y otras medidas biológicas de enfermedad. En cambio el Instituto Nacional de la Salud decidió que el «proceso del rostro», «revisión del ojo», y la comunicación social son los biomarcadores que se deben examinar durante una noche de observación en el hospital con repetidos electrocardiogramas. (Si piensa que es difícil para un niño neurotípico estar sujeto a electrodos y quedarse a dormir en una cama extraña de hospital, pruebe lo mismo con un niño autista. No hay suficiente Frappuccino de vainilla en el mundo para convencernos que pasemos por eso).

Con el uso de estos biomarcadores, la meta de la identificación temprana del autismo es de seis meses. Sin embargo, el cuarenta por ciento de los niños ha desarrollado síntomas de autismo después de cumplir un año, e incluso con la mejor intervención temprana, solamente un pequeño porcentaje de niños pierden su diagnóstico de autismo. Por esa razón, los gastos de los fondos para investigar el diagnóstico temprano son de valor dudable. Mucho mejor, creo que hay que canalizar los recursos para las pruebas de genética prenatal y los tratamientos para ver si algo en el ambiente del vientre está causando un aumento en la taza de autismo. O gastarlo en investigar las causas provenientes del ambiente. Tal vez, lo más importante, además de la investigación, gastar el dinero en el tratamiento; ayudar a las personas autistas a reconocer su potencial, cualquiera que sea. No necesito biomarcadores por cuestiones de ansiedad, o pobre contacto visual, o mala percepción espacial. Simplemente uno tiene que ir a la escuela de Gus, sentarse en una silla, y observar que la mitad de los niños se mantienen alejados de usted como sea posible, y la otra mitad le habla a dos centímetros de su cara, y casi nadie le mira a los ojos. Ahí lo tiene, Instituto Nacional de la Salud, acabo de ahorrarle veintiocho millones de dólares.

*   *   *

—Recuerdo mi sueño de anoche —dijo John recientemente mientras cenábamos—. Le pegabas a Gus en la cabeza con la culata de una pistola.

—Así que puede que este no sea el mejor momento para preguntarte si piensas que debo dejarle ir solo a Gus la escuela —dije.

—No puede —dijo John.

—Tiene catorce años.

—Verá un camión de bomberos, lo saludará, y algún otro automóvil le atropellará. —Esta es aproximadamente la enésima vez que John repetía lo mismo.

—Sabes, no creo que siga haciendo eso. Lo he estado siguiendo.

—Por cierto, ¿leíste esa historia...? —comenzó John.

—Déjame adivinar —dije—. La lepra está de regreso. O tal vez acerca de cómo puedo curarme de alguna enfermedad si consumo las nueces de Brasil.

—No —dijo él—, bueno, no hoy. Se trata de Simon Baron-Cohen. Hubo un motín.

Fue solamente un motín en la débil imaginación de John. Sin embargo, hemos estado hablando acerca del psicólogo e investigador acerca del autismo Baron-Cohen, quien fue el creador del cuestionario *cociente de espectro autista* que pedí a John que contestara. La historia que John había leído en algunos periódicos británicos era esta: Baron-Cohen fue denunciado por un grupo de estudiantes discapacitados por dar una clase donde sugería que dentro de los próximos cinco años habría una prueba prenatal del autismo. Los estudiantes discapacitados en la universidad de Cambridge estaban furiosos. El autismo no se podía curar o eliminar. En lugar, era algo que tenía que comprenderse culturalmente, con un giro hacia la idea de la neurodiversidad. El autismo era una variación natural en la condición humana, y no una que mereciera más alteración o erradicación que la homosexualidad.

Henry entró a la sala en ese momento, masticando papas fritas tan fuerte que tomé un tiempo para concentrarme en lo que estaba diciendo en vez de mis ganas de tirar las papas fritas al basurero.

—Entonces, ¿qué opinas? —dijo Henry—. Si hubieras podido tener la prueba y supieras que Gus sería autista, ¿la hubieras tomado?

—Sí —respondí.

En ese momento, John miró por encima del periódico.

—No —mentí.

En realidad, no tengo idea. El autismo es un trastorno, y dondequiera que Gus tenga esta parte del trastorno, actualmente es una persona feliz. Le amo mucho tal como es, y el autismo es una gran parte de su persona.

Sin embargo, durante una vida, muchas personas sufren profundamente. Un estudio en el 2015 por la *British Journal of Psychiatry* descubrió que las personas llamadas autistas de alto rendimiento tienen diez veces más probabilidades de cometer suicidio que aquellas en la población general.

De modo que si *curaría* o no a Gus si tuviera la oportunidad es imposible responder. En cada junta y grupo de apoyo en el mundo donde se discuta el autismo, hay peleas que surgen entre los adultos con autismo que odian la idea de una cura, lo cual insinúa que están dañados, además los padres que están desesperados por lo mismo. Es la lucha de la TEA equivalente a la lucha de la comunidad de sordos sobre el implante coclear, o entre las personas con enanismo tratando el alargamiento de las extremidades. ¿Por qué no puede haber una comunidad y cultura de sordos, enanos, o autistas? ¿Por qué ser «normal» es siempre la meta?

Bueno no lo es, y no debería ser.

Pero a la vez, no es prerrogativa de los estudiantes discapacitados en la universidad de Cambridge condenar la idea de una cura para el autismo. Si usted padece el trastorno del espectro y es un alumno de la universidad más calificada del mundo no puede hablar por la persona sola en una habitación, girando eternamente un objeto brillante.

*　　*　　*

A menudo cuando miro a Gus ahora, escucho este refrán de «Puff, el Dragón Mágico»:

> *Un dragón vive para siempre, pero no los niños*
> *Alas pintadas y anillos gigantes dan paso a otros juguetes*
> *Sucedió una noche gris, Jackie Paper dejó de venir*
> *Y ese poderoso dragón Puff, cesó su rugido valiente...*

Es en este punto que tengo ganas de llorar y Gus, que no tiene idea de lo que estoy pensando, viene y me pregunta si estoy bien. Admito que creo que «Puff, el dragón mágico» es la canción más triste que se escribió. Pero ahora me confunde. ¿Estoy llorando por la idea de que Gus está dejando la infancia, o la idea de que tal vez no la pueda dejar?

Sin embargo, esto es lo que sé: las certezas sombrías de hoy dan lugar a las posibilidades alegres del mañana, a menudo en momentos menos esperados.

He decidido hacer la pregunta que le he estado insistiendo desde el año pasado.

—No te he preguntado esto por un tiempo, pero tengo curiosidad... ¿sabes lo que significa ser autista?

Gus inclina la cabeza sobre su computadora y cubre sus ojos. Primero, como es usual, trata de cambiar el tema. Le presiono un poco. Finalmente, sin mirarme, dice:

—Yo sé que tengo autismo.

—¿Y qué significa eso para ti?

—Significa que hay cosas que son más fáciles para mí que para otras personas, y cosas que son más difíciles. Yo sé que soy diferente —continúa, su voz es apenas un susurro—. Pero está bien.

Levanta la cabeza y hace lo que es tan difícil para él: me mira directamente a los ojos. Es el principio.

Entonces, volvemos a nuestro tema actual:

—¿Puedo caminar a la escuela por mi cuenta?

*   *   *

Ha llovido durante la noche y ahora las llantas mojadas aplastan las hojas mojadas que llenan la calle. El aire era fresco y el viento comienza a soplar.

—Es un día de mucho viento —digo.

—Hoy es un día en nota menor —dice Gus. Los dos teníamos razón.

—Muy bien, ¡cariño! —dije alegremente—. Repasemos acerca de lo que hemos conversado.

—*AccuWeather* dice que la temperatura es de cuarenta y nueve grados, eee, con cuatro por ciento de probabilidad de tormentas esta noche...

—Eso no —dije—. La otra cuestión.

—Ya te dije mami no hablaré con nadie. A no ser que sea un amigo.

Excelente. Eso no reduce exactamente el tema.

—Gus. Mira. Solamente por seis cuadras. No hablar con "amigos". Vete. Y envíame un texto cuando llegues a la escuela.

—Por supuesto, mami.

Por los primeros dos meses de la escuela secundaria camine detrás de él, lo cual significa que se daba vuelta para saludarme cada treinta segundos. Así que me escondía detrás de árboles como una clase de espía de dibujos animados. Él siempre se daba vuelta y agitaba la mano a modo de saludo. Un día se detuvo y conversó con un extraño afroamericano muy grande. Esta es mi vergüenza: Me fui de prisa junto a él, y en menos de una cuadra ya estaba casi sin aliento, mis gafas humedecidas, cabello desparramado, vistiendo lo que me gusta creer como mi vestidura de gimnasio pero que en realidad son mis pijamas. «Hola, soy el maestro de matemáticas de Gus», dijo el hombre. «¡Hola! Soy la madre de Gus, una racista de mediana edad», no lo dije. Nos dimos un apretón de manos y le expliqué lo que estábamos haciendo. Se rio, y ellos continuaron su camino.

Decidí que la solución sería dejarlo caminar con otro compañero de la escuela, más alto, mayor, y aparentemente autosuficiente. Entonces un día vi a un joven el que supuestamente sería el responsable de la seguridad de Gus, inclinándose en medio de la calle para atar sus cordones, con los audífonos puestos, aparentemente ajeno al tráfico que avanzaba, como una de esas vacas sagradas en la India que supone que tiene derecho de paso.

Desistí de la idea de que ese joven acompañara a Gus, así que continúe caminando con Gus, y cuando llegábamos allí, nos enviamos un texto. Durante este tiempo no tuve el corazón para «probarlo», buscando que un extraño se le acercara. Tal vez debí hacer eso. Sí, definitivamente debí hacer eso. Muy bien, esto es estúpido. No lo puedo hacer. Decidí cancelar todo.

—¿Mami? No quiero llegar tarde. —A Gus no le gusta llegar tarde. Él podría haber sido un buen compañero para Mussolini.

—Está bien, Está bien, bien —digo.

Tiene que ocurrir alguna vez, ¿cierto? Un dragón vive para siempre, pero no los niños.

Gus avanza cinco pasos hacia su escuela, después regresa.

—Mami, olvidaste hacerme la pregunta.

—Oh, espera, olvidé que es... Espera a ver si recuerdo... —Sus ojos brillan mientras espera. Calculo que a este punto he formulado la pregunta miles de veces, una vez al día cada día de su vida. Y siempre bromeo diciendo que no recuerdo la pregunta. Para Gus, esto nunca deja de ser nuevo.

—Espera, ¡creo que recuerdo! —digo—. ¿Eres mi amorcito?

—¡Sí! Yo soy tu amorcito. —Después se vuelve y se aleja.

Yo miro hasta que su pequeña silueta desaparece entre los viajeros de la mañana. Cada diez pasos, da un brinco.

RECONOCIMIENTOS

Hay una sola forma de escribir reconocimientos y es cuando una está ebria. ¡Les amo a todos ustedes! Bueno, no a ti. Voy a descansar ahora. ¡Adiós!

Estoy de vuelta. Pude desarrollar ese libro porque un desconocido británico vio un artículo que escribí acerca de mi hijo autista y me envió un correo electrónico. Cuando lo investigué por Google, averigüé que había publicado las cartas de Nelson Mandela y escrito también un libro llamado *Do Ants Have Arseholes?* Así que sabía que él tenía alcance. Jon Butler, en Quercus: si no hubiera sido por ti, no se me hubiera ocurrido escribir este libro. Gracias también a su mano derecha, Katy Follain, que se hizo cargo de la edición del libro porque mientras esperaba que entregara el manuscrito, Jon produjo un ser humano y tomó permiso de paternidad, porque en el país civilizado donde vive uno puede hacer ese tipo de cosas.

Y después están las personas de HarperCollins. David Hirshey tiene una historia de comprar libros míos que no completo; estoy tan agradecida por su coraje y estupidez por hacerlo.. Cuando se fue de HC, me hizo un lanzamiento de pelota perfecto (que será mi única metáfora deportiva en estas 250 páginas, lo prometo) en las manos extraordinarias e inteligentes de Gail Winston y su editora asociada, Sofía Groopman. No hay buena escritura sin excelente edición. ¿Cómo fui tan afortunada?

Ahora entiendo por qué los ganadores de los Premios de la Academia agradecen a sus agentes. Fui afortunada de tener a Suzanne Gluck y a Tracy Fisher de la agencia *William Morris Endeavor*. Yo, al igual que muchos otros, temo a Suzanne, por lo cual pasé dos años evitando sus llamadas telefónicas cuando «intentaba» saber cómo avanzaba el desarrollo del libro. Muy agradecida de que puedo hablar con ella, por ahora, seguiré evitando sus llamadas en muchos proyectos en el futuro.

Pamela Paul y Jen Szalai del *New York Times* y Kim Hubbard de la revista *People* me dieron una oportunidad para hacer lo que amo, revisión de libros, dándome así una muy necesaria distracción de mi propio libro. Otros editores que mostraron más paciencia de la que merezco: Kate Lowenstein, Bob Love, Lea Goldman, Rachel Clark, Olessa Pindak, Danielle Pergament.

También Laura Marmor. Ella es mi editora y amiga en el *New York Times*. Al principio ella me urgió para que escribiera el artículo «To Siri, With Love» [A Siri, con amor], basado en unas simples tres líneas de una actualización de estado en Facebook. A Laura le encantan los paños de cocina. No sé por qué. Ella merece un camión lleno. Así que si le ha gustado este libro, puede hacer dos cosas. Puede comprar otra copia para regalar a una amiga, o enviar un paño de cocina a Laura Marmor, c/o *The New York Times, 620 Eighth Avenue, New York, NY 10018.*

También me gustaría agradecer a los inventores de Scrabble y Words with Friends en línea. Cierto, habría terminado este libro un año antes sin ellos, pero al menos me ayudaron a calmar la ansiedad que viene al tener que pensar mucho acerca de los propios hijos. Si tengo que escoger entre una noche con Gerard Butler y acertar la palabra Qwerty, sería muy difícil.

A los amigos y a la familia (y a veces la línea entre ellas es indefinida): Jane Greer, Jen Lupo, Jose Ibietatorremendia, Nigella Lawson, Ann Leary, Julie Klam, Laura Zigman, Annabelle Gurwitch, Sheila Weller,

Aimee Lee Ball, Lisa DePaulo, Lewis Friedman, Emlyn Eisenach, Nancy Kalish, Megan Daum, Meg Wolitzer, Ellen Marmur, Steven Weinreb, Cynthia Heller, Elissa Petrini, David Galef, Lindsey Cashman, Michelle Sommerville, Amy Lewis, Laurie Lewis, Nancy Sager. Un aplauso especial para Michele Farinet, experta en juegos de palabras, que elaboró el título del libro.

Andrés Nargowala: Por el arte, por la terapia renuente, por la lucha, y por las noches que me has hecho reír tanto frente a la pantalla de mi computadora que he despertado a mis hijos.

Pero, sobre todo, dedico este libro a los educadores. Algunos me han enseñado, pero la mayoría usaron sus recursos de mente y espíritu con mis hijos. En favor de Gus, Margaret Poggi en *Learning Spring* y Francis Tabone de la Academia Cooke. Michael Goldspiel y David Getz, directores de la escuela, ustedes rescataron a Henry, en un tiempo crítico de su vida, con comprensión y humor e increíble perspectiva de que esto también pasará con los niños que se comportan como cretinos. Dimitri Saliani, Frances Schuchman, Keith Torjuson, Marie Southwell, Mary Clancy, Dina Persampire, Clare O'Connell…Bueno, ¿por qué simplemente no publico la lista del cuerpo de profesores de las escuelas de mis hijos?

Sandra Siegel, una maestra jubilada y la abuela suplente de Henry y Gus. Doctor Frank Tedeschi, el psiquiatra intuitivo y sobre todo amoroso que cada madre desea tener en la vida de sus hijos.

Gus también tiene algunas maestras especiales fuera de la sala de clase. Michelle Acevedo, exsargento de la marina y actualmente dedicada observadora de trenes; iría a la batalla con ella en cualquier momento. Mi querido amigo Peter Bloch, quien hace de su misión compartir con Gus su amor por los trenes antiguos en la vieja Nueva York. Michael Shaw, iconoclasta, líder, hombre cariñoso en la terminal Central; él fue el primer conductor de tren que permitió a Gus anunciar su ruta, a pesar de que podía meterse en problemas por hacerlo; fue el que dio a Gus una gorra de conductor del metro unos años atrás que todavía es la posesión favorita de Gus. Jimmy Boshtraf, Jerry Tarantino, y Dennis Badillo hijo son tres de los porteros en mi edificio de apartamentos. Desde que Gus era pequeñito le encantaba pasar el tiempo con ellos. Por compartir con Gus, ellos no solamente le enseñaron a hacer un poco el trabajo; ellos le enseñaron lecciones de ética de trabajo como cortesía, poner límites (es decir, estos son porteros), y tratar las debilidades de las personas con humor, lo cual uno no siempre aprende en la escuela.

Sé que esto les sorprenderá a algunos matrinonios, pero me quejo mucho de mi esposo. Me quejo aquí, me quejo con mis amigos, y si tuviera una terapeuta estoy segura que pagaría dinero para quejarme con ella. Y todavía, bueno, no hay «y todavía». Siempre me voy a quejar. Sin embargo, el ama mucho a sus hijos. Solamente puedo explicar concebirlo a él en términos caninos. ¿Tuviste alguna vez un perro que es tan cómicamente cascarrabias sin razón aparente que tu carga en la vida es más liviana por simplemente tenerlo a tu lado? Ese es mi esposo. J, te amo. Bueno, ahora arréglate las rodillas.

Sobre todo y siempre a mis padres, Frances y Edmund, y a mi tía, querida como una madre, Alberta. Deseo que cada día puedan estar cerca para ver a Gus y Henry ahora.

RECURSOS

_____

ORGANIZACIONES EN LOS ESTADOS UNIDOS DE AMÉRICA

Autism Speaks // autismspeaks.org

-Fundada en el 2005; dedicada a promover las soluciones, mejorar el estilo de vida de las personas con TEA, fomentando su comprensión y aceptación, y el avance de las investigaciones.

Autism Research Institute // autism.com

-Fundada en 1967; trabaja para mejorar la salud y el bienestar de las personas con TEA a través de la investigación y la educación.

Autism Society // autism-society.org

-Fundada en 1965; promueve la concientización, la investigación, y los servicios adecuados (escuelas, edificios) para los que padecen de TEA y sus familias.

Autism Research Foundation // theautismresearchfoundation.org

-Fundada en 1990; apoya la continua investigación del «cerebro» (neurobiológica), la educación, la vida familiar, y los programas de inclusión.

National Autism Association // nationalautismassociation.org

-Fundada en el 2003; enfoca en proveer apoyo, terapia, y servicios médicos para las familias en las áreas de mayor necesidad; manteniendo a los miembros de la comunidad actualizados con las últimas informaciones acerca de las investigaciones médicas, educativas, legislativas, tendencias de terapias, y seguridad; financiación de las investigaciones de estudio; y despertando la conciencia acerca de la epidemia de autismo.

Doug Flutie Jr. Foundation for Autism // flutiefoundation.org

-Fundada en 1998 por el mariscal de campo Dough Flutie; levanta fondos a través de las donaciones a nivel corporativo e individual, apoya las promociones; aprueba promociones; entrega beca para organizaciones sin fines de lucro que proveen servicios, apoyo familiar, educación, defensa y oportunidades recreativas para los que padecen de autismo.

ORGANIZACIONES DEL REINO UNIDO

National Autistic Society // autism.org.uk

-Fundada en 1992; el mayor proveedor del Reino Unido de los servicios de especialistas en autismo, información, y apoyo.

Autism Alliance // autism-alliance.org.uk

-Apoya a las familias de autistas y los adultos en hogares; tiene escuelas especializadas para los niños con autismo; es parte de la junta del programa de autismo y el Grupo Parlamentario de todos los Partidos sobre el Autismo.

Child Autism UK // childautism.org.uk

-Provee servicios y consejería para las familias de niños con autismo (habilidades a corto plazo como el aprendizaje del uso del inodoro a través de programas de tiempo completo que se aplican al análisis del comportamiento) y para los maestros de niños con autismo.

Autism Independent UK // autismuk.com

-Aumenta la concientización acerca del autismo, trabaja para mejorar la calidad de vida de los que padecen de autismo, y provee una comunidad segura y feliz donde ellos puedan vivir, trabajar, y jugar.

Treating Autism // treatingautism.org.uk

-Organización dirigida por los padres de niños autistas y adultos con autismo; trabaja juntamente con los cuidadores, las enfermeras, los terapistas del lenguaje, las nutricionistas, los maestros, los profesionales de la salud, y los adultos con autismo para mejorar la calidad de vida y el aprendizaje.

Autism Northern Ireland // autismni.org

-Trabaja para brindar servicios para miles de personas afectadas por el autismo en toda Irlanda del Norte.

Scottish Autism // scottishautism.org

-Provee servicios de apoyo para niños y adultos en toda Escocia con un enfoque para el mejoramiento de la calidad de vida.

ORGANIZACIONES CANADIENSES

Autism Society Canada // autismcanada.org

Fundada en 1976; trabaja para defender y apoyar a los canadienses con autismo y sus familias para que los que padecen de autismo tengan una vida plena, feliz, y saludable.

Autism Speaks Canada // autismspeaks.ca

Fundada en el 2010; promueve la colaboración entre las comunidades y las prácticas médicas, apoya a las familias con autismo; comprometido con la investigación y los servicios a lo largo del país.

Autism Speaks Canada // autismspeaks.ca

Fundada en el 2000; promueve la educación de profesionales y el público en general, provee información y los recursos para las familias de personas con autismo, los fondos canadienses se basan en la investigación y el desarrollo, y la promoción de la concientización nacional sobre el autismo.

Autism in Mind (AIM) // autisminmind.org

-Fundada en el 2001; trabaja para reunir a las comunidades para aceptar, comprender, y apoyar a los niños con autismo a fin de proveerles un futuro mejor.

International Autism Foundation Canada // internationalautism foundation.cfsites.org

-Fundada en 1994; centra en alcanzar a través de la Misión de Educación Especial canadiense (CSEM). Enfoca en los juguetes, los juegos, y la vida familiar y consejos para los padres para familias de niños con autismo.

Autism Society of British Columbia // autismbc.ca

-Trabaja para promover la comprensión, aceptación, y «plena inclusión en la comunidad» de las personas con autismo dentro de British Columbia.

Autism Society Manitoba // autismmanitoba.com

Se dedica a la promoción de la calidad de vida para las personas con autismo a través de una red de padres y familias y una comunidad bien cultivada de profesionales.

Autism Society of Newfoundland and Labrador // autism.nf.net

-Dedicada a promocionar el desarrollo permanente de individuos, y la comunidad basada en apoyos y servicios para las personas con autismo, sus familias, y sus cuidadores.

Autism Society Ontario // autismontario.com

Principal Fuente de información y referencia sobre el autismo y una de las mayores voces colectivas que representa a la comunidad autista, conectada a través de divisiones de voluntarios en todo Ontario.

SITIOS WEB PARA PERSONAS CON AUTISMO

NeuroWonderful: Pregunte a un autista // https://www.youtube.com/user/neurowonderful

Canal YouTube por Amythest Schaber.

Coping: A Survival Guide for People with Asperger Syndrome // http://www-users.cs.york.ac.uk/~alistair/survival

Una transcripción del libro de Marc Segar, que murió en un accidente de tráfico en 1997.

Wrong Planet // wrongplanet.net

-Un sitio web norteamericano con artículos y publicaciones cortas por y para las personas con autismo, Asperger, TDAH, etcétera; tópicos que abarcan desde la política, comentarios de libros, encuestas y páginas de discusiones.

Squag // squag.com

-Un sitio web con un blog con publicaciones escritas para y por los niños y jóvenes con autismo.

Asperclick // asperclick.com

-Un Foro/blog creado por Willow Marsden para las personas con Asperger.

James' Diary // http://www.autismeducationtrust.org.uk/the-den/diaries.aspx

-Blog dirigido por James, un joven de diecisiete años que vive en Inglaterra, diagnosticado con Asperger.

Thinking Person's Guide to Autism // www.thinkingautismguide.com

-Artículos por personas con autismo, padres de niños con autismo, parejas de personas autistas, y profesionales en el campo del cuidado de los autistas.

LIBROS

Look Me in the Eye: My Life with Asperger's, John Elder Robison

NeuroTribes: The Legacy of Autism and the Future of Neurodiversity, Steve Silberman

In a Different Key: The Story of Autism, John Donvan y Caren Zucker

Thinking in Pictures: My Life with Autism, Temple Grandin

Uniquely Human: A Different Way of Seeing Autism, Barry M. Prizant, PhD

Ten Things Every Child with Autism Wishes You Knew, Ellen Notbohm

Autism Spectrum Disorder: The Ultimate Teen Guide, Francis Tabone

The Reason I Jump: The Inner Voice of a Thirteen-Year-Old Boy with Autism, Naoki Higashida

The Real Experts: Readings for Parents of Autistic Children, editado por Michelle Sutton

The Autistic Brain: Thinking Across the Spectrum, Temple Grandin

Beyond the Autistic Plateau: A Parent's Story and Practical Help with Autism, Stephen Pitman

Not Even Wrong: Adventures in Autism, Paul Collins

Love, Tears & Autism, Cecily Paterson

Could It Be That Way: Living with Autism, Michael Braccia

I Know You're in There: Winning Our War Against Autism, Marcia Hinds

Nothing Is Right, Michael Scott Monje Jr.

MIS ORGANIZACIONES FAVORITAS

Escuela de educación especial y servicios en la ciudad de Nueva York.

LearningSpring // learningspring.org

Educación primaria hasta la educación media para niños con TEA.

Nordoff-Robbins Center for Music Therapy // http://steinhardt
.nyu.edu/music/nordoff

Karmazin Foundation

-Trabaja con el Autismo habla; levanta fondos principalmente para la investigación médica y el tratamiento de autismo y los servicios.

ACERCA DE LA AUTORA

Judith Newman es la autora de *You Make Me Feel Like an Unnatural Woman*, es una colaboradora regular para la *Style Sección* [Sección de Estilo] y *People* del *New York Times*, y una editora colaboradora de *Allure* y *Prevention*. También ha escrito para la revista *Vanity Fair*, *Harper's Bazaar*, el *Wall Street Journal*, *Vogue*, *Redbook*, *GQ*, *Marie Claire*, y *Cosmopolitan*. Con sus hijos vive en Manhattan.